U0448581

中关村一小班主任的40个锦囊

优秀孩子可以这样成长

商红领 边 颖 主编

中国言实出版社

图书在版编目(CIP)数据

中关村一小班主任的40个锦囊：优秀孩子可以这样成长 / 商红领，边颖主编. -- 北京：中国言实出版社，2025.1. -- ISBN 978-7-5171-5054-1

Ⅰ.G625.1-53

中国国家版本馆CIP数据核字第2025GC3312号

中关村一小班主任的40个锦囊——优秀孩子可以这样成长

责任编辑：王君宁
责任校对：王建玲

出版发行：中国言实出版社
    地 址：北京市朝阳区北苑路180号加利大厦5号楼105室
    邮 编：100101
    编辑部：北京市海淀区花园北路35号院9号楼302室
    邮 编：100083
    电 话：010-64924853（总编室） 010-64924716（发行部）
    网 址：www.zgyscbs.cn 电子邮箱：zgyscbs@263.net

经 销：新华书店
印 刷：徐州绪权印刷有限公司
版 次：2025年4月第1版 2025年4月第1次印刷
规 格：880毫米×1230毫米 1/32 9.625印张
字 数：132千字

定 价：58.00元
书 号：ISBN 978-7-5171-5054-1

本书编委会

主　　编：商红领　边　颖

副主编：邓翼涛　高菲菲

编　　委：（按姓氏笔画排序）

　　　　　卜　阳　王菁蕙　张玉会

　　　　　张清玉　张智勇　李嘉悦

　　　　　赵　璇　姚慧玥

序一
智慧共育,锦囊助力孩子成长之旅

景小霞

教育是一场双向奔赴的旅程,家庭与学校如同车之双轮、鸟之两翼,唯有同频共振、协同发力,方能托举孩子走向更广阔的天地。在"双减"政策深化推进的今天,教育生态的优化与育人格局的重构,正呼唤家校社三方以更高站位、更广视角与更实举措,共同编织儿童成长的完整场域。

中关村第一小学教育集团始终坚信:教育的本质是成全每一个生命的独特价值。作为学校,我们不仅要落实以儿童为中心的办学理念、教育理念和教学理念,让学生站在学校改革发展的C位上,真正履行好教育的本质功能,更要以共识凝聚合力、以专业赢得信任,打破家校间的信息壁垒，让家校合作从"被动配合"升华为"主动共创"，让协同育人从美好愿景化为实际行动。

一、为何要编纂此书？——以智慧凝聚合力，以实践回应时代

2021年，"双减"政策的出台不仅是对教育功利化倾向的纠偏，更是对教育本质的回归。它明确提出"强化学校教育主阵地作用""完善家校社协同机制"，这既是对学校教育的信任，也是对家校共育的迫切呼唤。2022年《家庭教育促进法》的颁布，标志着家庭教育迈入了一个崭新的阶段，进一步强调了家庭教育在儿童全面发展中的不可替代性。

然而，实践中我们发现，许多家长虽怀揣教育热情，却常因理念偏差或方法缺失陷入困惑：如何平衡学业与成长？如何守护孩子的心理健康？如何与学校形成有效协作？这些问题亟须专业的指导与科学的回应。

家校共育的根基在于"理解"与"信任"。多年来，我校通过家长开放日让课堂透明化；借家庭教育指导站传递科学育儿观；用亲子互动课堂重构家庭对话模式……通过多样化方式持续构建家校对话的平台。在这

些实践背后，教师深耕专业领域——他们以扎实的学科功底站稳讲台，以敏锐的洞察破解心理困局，更以"雪中送炭"的智慧回应差异化需求。本书的诞生，正是为了将一线教师的实践经验系统梳理、提炼成可借鉴的策略，实现经验的共享与智慧的传递。

二、此书有何独特价值？——以案例诠释理念，以细节见证成长

本书凝聚了中关村一小40位优秀班主任的育人智慧，是他们扎根课堂、深耕家校协作的结晶。它以"优秀孩子可以这样成长"为主线，围绕学生学习生活、心理健康、人际交往与家校共育四大维度，通过40个真实鲜活的案例故事，展现了一线班主任对教育规律的深刻洞察与实践智慧。

教师们凭借专业知识与教育智慧，直面学业危机、同伴冲突、身心发展等复杂问题，破解教育难题。针对不同孩子的特点，精准把握不同需求，提供切实有效的指导方法。无论是学业支持、心理疏导，还是家庭沟通，教师们都以专业素养为基础，帮助家长从不同维度理解孩子的成长需求，促进家校之间的有效协作。

三、此书希望达成何种愿景？——以专业赋能家庭，以协同成就未来

教育的效果取决于家校社教育的一致性。本书的编纂，不仅是对过去经验的总结，更是对未来教育的展望。本书期冀实现两大目标：

其一，帮助家长从"经验育儿"走向"科学育儿"。通过真实案例，引导家长从生活习惯、情绪管理、社会适应等维度构建全面发展观，让教育回归生命成长的本质。

其二，推动家校社协同育人机制的创新与实践。每个"锦囊"都是对家校社协同路径的创新实践：从社区教育资源整合到共育评价体系构建，我们期待激发更多教育主体打破壁垒，共建"育人共同体"。

四、结语：教育无他，唯爱与榜样

"教育的本质是一个灵魂唤醒另一个灵魂"。本书的40个锦囊，既是方法的凝练，更是信念的传递——我们相信，每个孩子都蕴藏无限可能，而家校的每一次携手，都在为这种可能奠基。

序 言

作为教育者,我们深知教育没有标准答案,却有规律可循、经验可鉴。愿此书成为家长的"教育指南"、教师的"实践手册"、家校之间的"共育连心桥"。让我们以专业凝聚共识,以协同成就未来,共同书写"让优秀自然生长"的教育诗篇。

2025 年 3 月 31 日

(本文作者系北京市海淀区中关村第一小学教育集团原校长)

序二
教育是致广大而尽精微的自我超越

谢春风

由商红领校长、边颖老师主编的《中关村一小班主任的40个锦囊——优秀孩子可以这样成长》著作即将出版,我能够在第一时间阅读学习此书,深表荣幸,深表钦佩,深受启发。我对这本凝结着北京市海淀区中关村第一小学众多干部教师,特别是班主任智慧和汗水的书的顺利出版,表示诚挚的祝贺!

教育一个民族发展、壮大、永续的基础和动力源,是中华民族实现伟大复兴的根本保证。教育是首都首善之区建设的首要工程,更被经济、科技、文化、教育强区海淀视为自己的"金名片"和"命根子"。而中关村第一小学是海淀区,也是首都基础教育的杰出代表,是北京市大中小幼一体化德育研究基地学校。长期以来，该学校在集团化办学背景下全面贯彻党的教育方针，致力于教育教学规律的探寻，旨在画出最美的育人同心圆，在立德树人理论和实践探索中取得突出成绩，育人特色彰显，赢得社会各界的深度信任和高度赞赏。正如景小霞校长所说："中关村第一小学教育集团始终坚信：教育的本质是成全每一个生命的独特价值。作为学校，我们不仅要落实以儿童为中心的办学理念、教育理念和教学理念，让学生站在学校改革发展的C位上，真正履行好教育的本质功能，更要以共识凝聚合力、以专业赢得信任，打破家校间的信息壁垒，让家校合作从'被动配合'升华为'主动共创'，让协同育人从美好愿景化为实际行动。"

《中关村一小班主任的40个锦囊——优秀孩子可以这样成长》的诞生，是对景小霞校长办学理念和育人思想的出色践行。本书凝聚了中关村一小40位优秀班主任的育人情怀、实践经验和专业智慧，是他们立足育人、扎根教育教学实践、深耕家校社协作和教联体建设的奋进诗篇。本书以"优秀孩子可以这样成长"为主线，围绕学生学习生活、心理健康、人际交往与家校共育四大维度,通过40个真实鲜活生动的案例故事,展现了一线班主任对教育规律的深刻洞察与实践智慧,具有很强的示范性和借鉴性。

初步阅读此书,中关村一小那些奋斗在实践一线的班主任形象跃然眼前,他们敢于破解难题,致力于教书育人、立德树人,构成鲜活的教育家群像。比如,李松瑜老师以《"衔"而有道 "接"续未来》为题,探索了横向维度上的家校协同和纵向维度上的幼小衔接,为学生养成优秀的品质和实现发展奠定扎实根基。她提醒家长,在幼小衔接阶段,可以有意识地减少对孩子的直接帮助,对孩子多一些正向反馈,用鼓励代替指责,用复盘引领改进。同时,家长也要做好心理建设,在孩子尝试、实践的过程中,允许孩子犯错。当孩子失误时,应避免指责。我们可以发现,李松瑜老师以家长的视角,提出了家长担负养育职责的好方法,非常贴心,接地气。

再比如,陈静老师以《塑造健康情绪 成就阳光学子》为题,探索了开展心理健康教育、塑造学生积极心理品质的有效方法和途径。情感是一扇窗,所有的教育都从这扇窗中照进来。隋淑华老师以《家校共育情为链，师生同心桥自通》为题，探索了情绪、情感在家校协同育人中的重要价值以及实现育人共情的方法。孙璟珺老师以《春风化雨润童心，暖言细语筑自信》为题，把教育家精神的弘扬和做好育人细节统一起来，"大先生"的形象在育人小故事中闪光。李帅静老师以《学会用心倾听　提高沟通效率》为题，把行为示范、师生共同成长、知行合一的追求和耐心细致的教育方法统一起来。教育本质上是关系的互动，而学生之间的关系是基础关系，往往比亲子关系、师生关系更深刻，这也是朋辈关系的魅力所在。李桦丞老师以《孩子的人际交往能力的培养，您足够重视吗？》为题，有效探索了新时代学生如何优化同伴关系这一关键问题，值得赞赏。

　　自古英雄出少年，但优秀少年的成长并不容易，培养杰出少年的路途更加漫长而艰辛，需要学校、家庭、社会协同配合。"君子生非异也，善假于物也。"优秀人才的成长需要自身的艰苦努力和实践顿悟，更需要借助外力的有效支持和引领，这种外力就是父母和教师给予的理解关爱、道德教化、行为示范。而班主任是众多育人实践中的关键一环！

　　《中关村一小班主任的40个锦囊——优秀孩子可以

这样成长》凝聚了中关村一小教师在培育中华优秀传统文化典范——君子精神方面的实践智慧，具有重要的现实教育意义和育人针对性。笔者相信并期待，书中的育人锦囊将惠及更多的学校、家庭和孩童，助力立德树人工程结出丰硕成果！

2025 年 4 月于北京

（本文作者系教育学博士，北京教育科学研究院德育研究中心主任、研究员，北京市学校德育研究会副会长兼秘书长，北京市督学，教育部基础教育教学专家指导委员会学科委员。曾获"昆玉学者"称号。）

— 目 录 —

家校共育

"衔"而有道 "接"续未来 …………………………… 003

我是家庭小主人………………………………………… 013

家庭教育中的"论捧逗"………………………………… 019

塑造健康情绪 成就阳光学子………………………… 026

不要做"太心疼"孩子的父母………………………… 032

犯错了，没关系！我们一起想办法！………………… 040

跟着我做：了解沟通，让家庭教育变简单…………… 047

心手相连传递温暖，亲子之爱涵养温柔目光………… 054

宠溺化春风，爱心拨迷雾……………………………… 060

家校共育情为链，师生同心桥自通…………………… 066

学习生活

与子同行化拖延，携手共赏成长景…………………… 075

春风化雨润童心，暖言细语筑自信………………………… 082

云淡风轻处，自信花开时…………………………………… 088

以责任之名相爱，让每个明天都值得期待………………… 094

养成良好习惯 赋能成长之路……………………………… 103

以自信之光 伴成长之路…………………………………… 110

以教育合力 促劳动教育…………………………………… 116

特殊儿童融入群体 家校协同助力成长…………………… 126

学会用心倾听 提高沟通效率……………………………… 133

从杂乱无章到井井有条……………………………………… 139

心理健康

从拳头到友谊 从焦虑到自信……………………………… 149

手握关爱智慧秘钥 开启学生情绪之门…………………… 158

失败里抖擞精神 逆风中找寻力量………………………… 164

"脱敏"孩子的"玻璃心" "重塑"坚韧的"心理盾"…… 170

远离小抱怨　点亮正能量……………………… 179

挣脱游戏桎梏　拥抱现实繁花……………………… 185

孩子爱"顶牛"　家长巧"牵牛"……………………… 192

给孩子一把表达愤怒的钥匙……………………… 198

用共情陪伴孩子阳光成长……………………… 205

正面管教的温柔力量……………………… 212

人际交往

给幼小衔接孩子的"友谊指南针"……………………… 221

家校共育，为孩子"朋友圈"之花浇洒"阳光雨露"…… 229

如果爱有颜色……………………… 237

儿童社交密码……………………… 244

孩子的事让孩子自己解决……………………… 251

全方位关爱，助力孩子顺利融入新集体……………………… 256

读心声解心结，培养积极的交往者……………………… 263

科学积极引导　打破孤立怪圈……………………… 269

"小狂魔"变形记……………………… 275

孩子的人际交往能力的培养，您足够重视吗?…… 280

家校共育

父母托举晨曦,教师编织星光,交汇处升起孩子的日月山川

"衔"而有道 "接"续未来

幼小衔接阶段是孩子从幼儿园进入小学的重要过渡期，不仅是知识和学习习惯的衔接时期，更是孩子生活自理能力的关键锻炼时段。一个自主生活能力强的孩子更容易适应小学生活，作为智慧型父母，我们如何帮助孩子在幼小衔接阶段提高生活自理能力呢？

一、问题现象

李明（化名）上的幼儿园条件比较好，老师多，对幼儿的管理很细致，照顾很周到。在家里，住家阿姨对李明的照顾更是无微不至，李明在生活上基本是衣来伸手饭来张口。但这种平静、温馨的生活秩序自打上小学后被彻底打乱了：早上，李明赖床，怎么也叫不起来，好容易起床了，却懒洋洋的打不起精神；每次都是在快到校门口的时候，想起这个用具没带，那件事情没做；下午放学，妈妈去接李明，发现他总是跟在班级队伍的最后，像个逃兵一样，手里抱着衣服，身上背着没来得及拉上拉锁的书包，一看就是没有跟上班级节奏，仓促出来的；接上孩子后，发现他不是水壶没带回来，就是文具还落在教室里。班主任也跟李明妈妈反映，李明在校的生活能力很弱，桌面比较脏、乱，铅笔、橡皮总是乱丢，因为他爱随手乱扔垃圾，所以他周围的地面总是一片狼藉。桌子抽屉里面也不整洁，中午喝剩的牛奶盒不及时处理，都堆在抽屉里。当开始写作业的时候，他会满世界找笔和本子，等找到本子的时候，已经跟不上正常的学习节奏了，总之一句话，李明的生活能力已经严重影响到他的学习了。李明自开学以来的生活表现让全家很着急。

二、问题分析

其实，李明身上发生的这些现象，在很多孩子身上或多或少也都出现过。我们从李明的表现上可以很明显地感觉到，孩子可能对小学生活还不是很了解，还未适应小学生活状态。"生活即教育"，穿衣吃饭看似小事，实则是孩子认识自我、探索世界的第一步。我们家长需要与孩子认真交流，用心沟通，倾听他们的内心想法，帮助他们逐渐适应新的环境，建立自信心和对新环境的适应能力。

为更好地让家长和孩子了解小学生活，我们首先来看看，孩子进入小学后，生活环境、规则等所发生的显著变化吧。

首先是环境和作息的变化：幼儿园的环境相对自由，大家在教室里围围坐，教室有卫生间；小学是学生排排坐，楼层里有公共卫生间；小学的作息更加规律，通常会在固定时间做固定的事情，要求孩子更长时间地坐着专心听讲。

其次是规则要求的不同：幼儿园里幼儿做什么都要老师提醒，老师帮助孩子整理个人卫生并适时提醒孩子们及时喝水；进入小学，孩子们需要自己听铃声及时整理物品和书桌，课间自己去喝水，并且要遵守学校的纪律和课堂秩序，按照学校的制度生活和学习。

最后是学习内容和方式的不同：幼儿在幼儿园是以游戏式学习为主，学习方式具体直观，学习氛围简单宽松；进入小学，转变为以符号学习为主，思维方式以抽象思维为主，课堂上知识的输入量较大，学习节奏较紧凑，对学生的注意力和自律性都有一定的要求。

通过上面的介绍，我们可以看到，孩子进入校园，所享受的不再是幼儿园"保姆式"的照顾，而是需要孩子能够独立完成一些基本的生活任务。俗话说"自理"即"自立"，生活自理能力不是额外的任务，而是孩子迈向独立的"第一块基石"。夯实这一基础，才能让幼小衔接从"焦虑挑战"变为"自信成长"的起点。

三、具体策略

（一）技能分解教方法

小学阶段，孩子的学习物品和生活用品明显增多，他们需要学会如何整理书包、课本和学习用具。家长一定注意要减少对孩子生活上的照顾，尤其要避免家里的保姆或长辈包办孩子的生活，避免"催办代劳"，嫌孩子慢就替他干。遵循"教、扶、放"原则，即先示范引领教方法，再陪伴孩子去尝试、练习，逐步放手让孩子独立操作。

一些相对比较复杂的技能可以拆解为小步骤，进行阶段式训练。如，收拾书包可拆解为：①检查课表，明确物品清单；②分类整理课本、文具、水杯等，分层放置物品（尺寸较大的或者较重的书本放置于书包最内侧的夹层，易碎品内置）；③固定摆放，培养习惯（如纸巾、水杯放侧袋），减少寻找物品的烦扰，提升效率；④最后检查是否遗漏作业本。一系列分解动作，将看似复杂的任务转化为可执行的步骤序列，方便孩子去实操训练。

从"代劳"转向"引导"，"小任务"积累"大成长"。家长可以设置"责任区"，如在书桌旁张贴图文任务清单（如"检查作业—收拾文具—准备明日用品"），搭配计时器或闹钟提醒；还可以从"转达一句话"的简单指令开始，逐渐过渡到"去厨房拿三个碗，摆到桌子上并给每个碗里盛上饭"等较复杂的任务来提升孩子的生活能力。

生活自理能力不仅仅体现在生活技能上，也体现在对时间的管理能力上。小学有固定的作息和学习时间，孩子需要学会在规定的时间内完成任务，家长可以引导孩子制订简单的日常计划，比如每天的起床、用餐、睡觉时间；在家中安排一些简单的任务，设定完成时间，鼓励孩子按照时间表来执行，培养他们的时间管理意识。持续培养下，孩子慢慢就会适应上学后的生活节奏，养成按照时间做事的好习惯。

相信在家长的耐心指导、日常逐步放手的实践中，孩子在"试错—改进"中定能成长为自主管理的小达人。

（二）正向反馈多鼓励

在幼小衔接阶段，家长可以有意识地减少对孩子的直接帮助，对孩子多一些正向反馈，用鼓励来代替指责，用复盘来引领改进。

鼓励他们自己完成穿衣、吃饭等基本任务。可以为孩子设立一个"独立生活奖励表"，例如自己穿好衣服可以获得一个小星星，等积攒够一定的星星数量时，可以满足孩子的某个愿望。通过这种鼓励方式，帮助孩子树立自主生活的信心，培养他们独立完成生活任务的能力。当孩子完成任务后通过拥抱、击掌或"进步树"来记录成就,强化孩子积极的心理体验。表扬孩子时,注意强调"你靠自己做到了",而非笼统的"你真棒"。

孩子在生活中难免会遇到一些小问题,比如拉链卡住、鞋带松开等,家长可以通过耐心的示范,教孩子如何处理这些小问题,让孩子通过练习掌握这些技能。

家长同时也要做好心理建设,在孩子尝试、实践的过程中,允许孩子犯错。当孩子失误时,应避免指责,如,当孩子打翻水杯时,可以引导孩子去反思、复盘"下次怎么端更稳?"当孩子忘记带作业、用具时,家长不要直接给孩子送到学校,而是通过提问引导孩子去思考:"想一想为什么忘带了?以后该如何避免?"

通过这些方式,孩子的自我管理意识和能力定能有很大的提升,为未来的学习生活奠定良好的基础。

(三)饮食运动要兼顾

进入小学后,孩子的学习任务增多,体力和脑力的消耗也随之增加,因此,良好的饮食习惯和充足的运动对他们的身心健康尤为重要。饮食、运动与生活自理不仅有着紧密关联，饮食与运动更是生活自理的实战场景，三者形成能力闭环。

实战场景	培养目标	技能渗透	深层价值
饮食场景	培养自我服务能力	·自主盛饭：手部力量控制； ·清理餐盘：流程意识（残渣分类/餐具整理）； ·准备水果：削皮刀等工具的使用	手部精细动作直接关联书写能力；餐桌礼仪强化规则意识
运动场景	塑造身体管理意识	·穿脱衣物：应对天气变化； ·整理运动器材：物品归位习惯； ·计算运动时长：时间感知力； ·体育运动：身体各器官的协调力	大肢体运动刺激前庭发育，提升动作计划性（如系鞋带时手眼的协调）
家庭场景	从能力到习惯的转化	·让孩子设计周末"运动餐单"（如，爬山带的食物/用品）：做事的条理性； ·认识健康食品：了解均衡饮食的重要性； ·自己动手准备简单的餐点（如洗水果、制作三明治等）：锻炼目标、行动链的逻辑建构能力	精细动作激活脑区，刺激大脑运动皮层，与书写、实验操作等学习技能共享神经通路

由此可见，饮食与运动不是孤立的技能，而是孩子管理身体、时间、工具的系统训练场，为更高阶的学习自律性奠基。孩子每天均衡饮食、适当进行体育活动，不仅会增强孩子的身体素质，使他们树立良好

的健康意识，更能让孩子将逻辑建构能力迁移至作业规划、时间管理等场景。

简而言之，幼小衔接阶段是孩子人生中的关键时期，作为一年级的新生家长，这时候是最累身和最费心的，智慧型的家长朋友一定会有充分的心理准备并积极面对。如果没有养成良好的习惯，孩子进入小学之后，老师和家长可能要付出半学期甚至更久的时间才能将孩子不好的习惯纠正过来。反之，如果把刚刚步入小学的一年级孩子的习惯培养好，孩子定能迅速成长为会学习、懂生活的小学生。

共同探索生活技能，耐心引导小步进阶，您的陪伴是孩子独立的第一步，您的努力付出，必将为孩子的成长之路打下坚实的基础，孩子的未来学习和生活之路定会是一片坦途！

四、反思总结

① 培养生活自理能力，就是培养孩子的自信心和独立性，让他们勇敢地面对生活的挑战。

——罗素·格雷厄姆·贝尔

②教育应该鼓励孩子自己做事情、自己尝试,不怕犯错,学会自己解决问题。

——玛丽亚·蒙台梭利

③能整理书包的手,终会握紧自己的人生方向。

④你教会他收拾书包的秩序,未来他便懂得梳理知识的逻辑。

锦囊作者:李松瑜

我是家庭小主人

一、问题分析及背景

2019年,全国妇联、教育部等部门发布《全国家庭教育指导大纲(修订)》,对家庭教育的核心理念内容做了进一步补充和界定,提出"家庭教育是家长和儿童共同成长的过程""家庭教育重在教孩子如何做人"。"如何做人",其中有一个特别重要的品质就是责任意识,应培养孩子做一个有责任心、有担当、有感恩意识的人。在小学道德与法治教学中通过各种各样的情境、丰富多彩的教学活动培养和提升孩子的家庭责任意识,不仅是立德树人根本任务,也是家校携手、通力协作的重要表现。

教育部颁布的《大中小学劳动教育指导纲要（试行）》《义务教育劳动教育课程标准（2022年版）》中也涉及鼓励孩子承担家务的内容。《义务教育道德与法治课程标准（2022年版）》要求学生"观察和体会日常生活中父母的辛苦操劳，选择自己可以承担的家务劳动，坚持去做"。"感受父母的养育之恩，以恰当的方式表达对他们的感激、尊敬和关心。"

进入中高年级的孩子从身高上来看似乎已经长大了，但其实不然。他们中很多人由于在情感上得到的总是单向"输入"，对生活、对家人缺少关注，视父母的辛苦付出为理所应当。特别是我们学校孩子的家长多数为科研工作者和互联网从业者，平时由于忙于工作而疏于和孩子沟通，导致很多孩子对父母的工作状况根本不了解，也就无法感受父母工作的辛苦，需要老师的启发和引导。为整体了解孩子对于爸爸妈妈是否辛苦的认识程度，对全体四年级孩子展开了问卷调查。结果显示，80%的孩子认为爸爸妈妈辛苦，20%的孩子认为爸爸妈妈不辛苦，由此可以得出孩子在对于爸爸妈妈是否辛苦的认知上存在偏差。为进一步探究这一偏差产生的原因，在四年级中随机选取一个班级再次进行了问卷调查。调查内容主要分成两方面：孩子对于爸爸妈妈在家庭中是否辛苦的认知以及孩子对于爸爸妈妈在工作中是否辛苦的认知。有一部分孩子认为爸爸妈妈不辛苦，认知出现偏差的原因，一方面在于不了解爸爸妈妈的具体工作职务，意味着不了解爸爸妈妈的工作内容以及辛苦程度。另一方面，据部分孩子在家中的观察，负责承担家务的成员多为爷爷奶奶、姥姥姥爷或保姆阿姨，因为很少看到爸爸妈妈进行家务劳动，所以误以为爸爸妈妈不辛苦，对于辛苦的评价维度过于单一。除此之外，部分孩子在家里看到爸爸妈妈经常进行一些休闲放松的活动，由于不了解爸爸妈妈的工作状态，不能理解爸爸妈妈下班后休闲放松的原因，所以单一地认为爸爸妈妈不辛苦。在这一背景下，亟须引导孩子关注爸爸妈妈的工作生活，深入了解爸爸妈妈工作生活日常。

二、提出问题

基于以上背景发现，孩子对父母辛苦与否存在错误认知，这是因为他们不够了解父母。孩子不了解父母，是没有观察父母的意识，以自我为中心，感觉爸爸妈妈做的一切都是为了自己。同时也不知道观察的方法，不知道可以通过什么方式去了解，没有承担家庭责任的意识。

三、解决策略

（一）提高认识培养责任感——"爸妈生活小调查"

1. 从身边事例感受父母的操劳

孩子缺乏对日常生活的细致观察，他们应该对爸爸妈妈的生活工作有一定的了解，可以从时间维度统计记录爸爸妈妈在工作时间段的所作所为，完成一张调查表。

2. 拓展延伸对比思考

孩子进行了细致的观察和记录，初步感知了爸爸妈妈的忙碌与辛苦。接下来可以让孩子对比同一时间自己在做什么，这一方式能够让孩子进行直观的对比，从而更深入地感受父母的辛苦，引导孩子理解父母的忙碌辛苦是为了家庭，落实到家庭责任。

（二）多种形式培养责任感——"跟着爸妈去上班"

（1）体验式教育强调"以孩子为中心"和孩子的主动体验，给予孩子充分体验、思辨、学习的机会，通过多种形式，突出孩子主体性，引导孩子在实践中学习。例如，有条件的孩子可以走进父母工作单位，观察父母工作的真实情境，在亲身体验中感受父母工作的不易与辛勤，理解父母。

（2）孩子走进父母工作单位，感受父母工作内容的繁重后，鼓励孩子分享自己的感受，可以晚上和父母一起交流自己一天的所见所闻，所思所想。

（三）多种形式培养责任感——"爸妈工作我来访"

（1）对于没有条件跟着父母去上班的孩子，可以设计一次采访活动，根据提纲进行专项采访，让孩子深刻体会父母的不易与辛苦。

提纲举例：

问题一：父母的工作是什么？

问题二：工作包括哪些事务？工作单位有哪些具体要求？

问题三：工作时间的安排？

问题四：工作时曾遇到哪些麻烦或难题？

问题五：工作时的心情感受？

……

（2）爸爸妈妈工作辛苦的原因还在于有时会遇到很多难题困惑，运用采访的形式能更好地引导孩子发现，同时初步感受父母工作中蕴含的社会责任。

（四）培养家庭责任感——"家庭责任我承担"

制定家务劳动时间表，引导孩子主动分担家务劳动，承担家庭责任。

锦囊作者：辛利

家庭教育中的"论捧逗"

在家庭教育的舞台上,我们既充当导演的角色,又扮演演员的角色,而"论捧逗"实则为我们与孩子沟通的一门艺术。让我们共同来探索怎样运用这门艺术,使亲子沟通变得更为高效且令人愉悦。

一、论捧——亲子沟通的重要性

沟通是连接家长与孩子心灵的桥梁。艺术性的语言能够让这座桥梁更加稳固,让沟通变得更加高效。正如古希腊哲学家苏格拉底所说:"教育是点燃火焰,而非填满容器。"有效的沟通正是点燃孩子内心火焰的关键。

（一）捧心而谈——信任，开启心扉的钥匙

信任，是亲子沟通的敲门砖。如何建立亲子间的信任关系呢？我们要做"长耳朵兔子"，多听少说不批评！当孩子说话时，我们可以用眼神交流、点头等方式表示自己在认真听，等孩子说完后再发表看法。发表看法时可以采用询问意见的方式，不可以批评指责孩子的行为。除此之外，我们要为孩子营造一个令他感到安全的环境，比如可以设立"无指责区"，在这里每个人都可以毫无顾忌地表达想法，不必担心受到批评，以此让孩子知道他们的感受和想法总是被尊重和理解的。

信任关系不是一蹴而就的，需要通过持续的沟通来维护。可以通过更为温暖的方式，比如和孩子一起吃饭、散步、看电影等来增加亲子间的互动和交流，巩固信任关系。

（二）捧情而交——平等，互通心底的桥梁

平等交流是亲子沟通的关键。纪伯伦在《论孩子》中写道："你们的孩子，都不是你们的孩子，乃是'生

命'为自己所渴望的儿女。他们是借你们而来,却不是从你们而来,他们虽和你们同在,却不属于你们。你们可以给他们以爱,却不可给他们以思想,因为他们有自己的思想。"在亲子沟通中,我们要把孩子视为一个独立的个体,尊重他们的观点和想法,以平等的姿态与他们对话,避免居高临下的态度。可以询问孩子的看法,比如:"你对这件事有什么看法?"或"你觉得我们该怎么做?"这样的提问能够鼓励孩子思考并表达观点,同时也能让他们感到自己的意见被重视。

通过建立亲子信任关系、平等交流,我们不仅能够加强与孩子的关系,还能帮助他们发展必要的社交和情感技能,这些技能将伴随他们一生。

二、论逗——选择好搭档

(一)逗趣合作——与教师携手,共育未来

在孩子的教育旅程中,教师和家长是他们最坚实的支持者。为了确保我们能共同促进孩子的全面发展,建立一个畅通无阻的沟通渠道至关重要。这意味着我

们需要定期交流，可以通过家长会、电话或其他方式，及时分享孩子的表现和进步。沟通不仅限于学业成绩，还包括他们的行为、兴趣和遇到的挑战。通过这样的合作，我们可以共同促进孩子在多方面的进步。

（二）逗趣一致——家校一致，教育同心

孩子的成长如同在大海中航行的船只，学校和家庭就如同稳定的灯塔，共同为孩子指引方向。家庭和学校间的教育目标一致至关重要。当学校和家庭教育目标一致时，孩子接收的信息便是明确统一的。如学校教育强调自己的事情自己做，家庭教育也秉持同样的理念，那么孩子在任何场合都能清楚地知道自己应该承担的职责。这种一致性避免了孩子在不同环境中产生困惑和迷茫，为他们提供了一个稳定、可预测的成长环境，让他们能够安心地探索世界、发展自我。

共同的教育目标应当反映在孩子的日常学习和生活中。无论是学习习惯、行为准则还是价值观的培养，我们都需要保持一致。

此外，家庭成员之间对于教育方法和原则也要达成共识，这样孩子们将更容易理解和遵守我们的期望。

家校紧密合作能让孩子在学校和家庭两个环境中都得到充分的锻炼，为他们未来的发展打下坚实的基础。

三、论捧逗——亲子沟通的语言技巧

（一）捧心鼓励——正面管教，激发潜能

正面的鼓励对孩子自信心和潜能的激发很关键。顺顺是个10岁的男孩，一次测试成绩不理想，怕受到家人的责骂没有把试卷带回家。顺顺妈妈知道测试卷已经下发后，询问顺顺时却得到"忘学校了"一句话。顺顺妈妈凭借对孩子的了解试探地问："是成绩不理想吗？"顺顺点了点头。顺顺妈妈快速调整好情绪，耐心地对顺顺说："种瓜得瓜种豆得豆，我们平时付出了多少努力就会有多少收获。我们可以一起分析没考好的原因，一起想办法，你这么聪明，多加努力成绩一定会提高的。"经过交流，顺顺和妈妈一起制订了查漏补缺计划，每天学习打卡。通过这次的正面鼓励，顺顺不仅提高了学习成绩，还变得更愿意和家人交流了。

这样的正面反馈不仅能够增强孩子的自我价值感，还能激励他们敢于探索的精神。

（二）逗趣化解——幽默化解，轻松氛围

在轻松愉快的家庭环境中成长的孩子，往往拥有更加健康的心理状态，内心充满安全感。这让孩子能够勇敢地去探索外面的世界，面对挑战时也能保持积极乐观的心态。幽默是家庭沟通中必不可少的因子。面对孩子出现的问题时，我们可以用幽默的方式来化解，比如：孩子不小心把杯子打碎了，胆怯地看着妈妈，妈妈却面带微笑地说："孩子，这个杯子盖上的小兔子一定是总在一个地方待着太无聊了想跳下来玩一会儿，我们把它插在花盆里让它看看花吧！你可以试着把这里打扫干净吗？"这样的轻松态度可以帮助孩子学会以积极的方式处理问题，加强我们与孩子之间的情感联系。

通过这些亲子沟通的语言技巧，我们能够更好地帮助孩子在一个充满爱、支持和理解的环境中成长。我鼓励家长朋友将这些技巧融入与孩子日常相处的生活中，为孩子的全面发展打下坚实的基础。

在家庭教育中运用"论捧逗"的艺术,让沟通变得更加高效和愉悦。让我们一起行动起来,开启亲子沟通的新篇章!

锦囊作者:刘佳

塑造健康情绪　成就阳光学子

　　情绪如同色彩斑斓的画笔，在学生的成长画卷上留下或明亮或暗淡的痕迹。塑造学生健康情绪，是一项至关重要的教育使命。健康的情绪可为学生的学习生活注入活力。当学生拥有积极乐观的情绪时，他们看待世界的眼光更加明亮，面对困难和挑战也能鼓起勇气，勇往直前。在课堂上，积极的情绪能激发学生的学习兴趣和创造力，使他们更加主动地参与到知识的探索中。在与同学的交往中，健康的情绪让他们懂得理解、包容与合作，建立良好的人际关系。

一、关注孩子情绪变化，建立良好沟通方式

　　小宋是一名一年级新生，他聪明活泼、天真无邪，但后来，教室经常充斥着小宋的哭闹声。他总为一点

小事和同伴发生矛盾，不合心意即哭闹以宣泄不满，明明是无理的事也要巧占三分理。久而久之那个爱笑的孩子眉头总是紧锁着，眼神里也充满了不羁，走路都是叉着小腰昂着头颅，一副看似天不怕地不怕的架势，实则是穿着带刺的铠甲，时时防御着。

原来小宋是在一个极其宽松、民主的家庭环境中成长起来的，小宋妈妈的教育主张是从小给孩子满满的爱，让他长大后也能回馈给他人满满的爱。但爱的标准、原则、底线是什么？这满满的爱有可能给孩子造成一个认识的误区：所有人都要无条件地爱我。导致孩子对他人要求极高，稍不称心意就以哭闹表达不满情绪。父母的宠爱让他缺少规则意识，而在学校他倍感约束，老师的要求他很难做到，得到的肯定、夸赞少了，同伴善意的提醒在他看来是对他的疏离，被重视的感觉消失了，孩子心理落差极大。长期负面情绪的叠加使小宋觉得集体生活索然无趣，甚至内心恐惧产生逃离心理。

处于快速成长期的儿童，情绪、心理都不稳定，作为父母，我们要关注到孩子情绪的变化，用自身积极的情绪去创设良好的沟通方式。首先，我们要有稳定的情绪。其次，选择温和的方式稳定孩子的情绪，比如：一个温暖的拥抱、一句温柔的话语，或转移注意力，教会孩子认识情绪、管理情绪的方法。最后，就事论事找到问题的症结所在，带着孩子一起解决问题。情绪具有感染力，父母通过对自我情绪的管理影响孩子，以及为孩子提供良好的情绪价值，会帮助他们建立稳定的情绪和良好的心理状态。

二、抓住教育契机，唤醒孩子的积极情绪

一次校园开放日，小宋的妈妈因单位临时有急事不能参加，小宋情绪低落，上午的课学得马虎，参与性不强，但有众多的家长来听课，小宋一改往日做派，一上午的时间并未哭闹。这对于他而言是一次里程碑式的进步。周一班会，我表扬了小宋，夸他理解妈妈的缺席，同学们都为他鼓掌。接下来的一整天，小宋情绪高涨，坐姿端正、听讲认真。

小宋的转变提醒着我们，家庭具有独特的生活经验和亲情优势，是塑造学生健康情绪的第一阵地。面对需要开化引导的孩子，父母的关爱、温暖的家庭氛

围，能够给予孩子心灵的抚慰。父母倾听孩子的心声，理解他们的感受，才能引导他们正确表达和处理情绪。不要企盼孩子自身存在的问题在短期内发生巨大改变，只希望他相较自己而言每天进步一点点。

问题与生命是并存的，成长中的问题无法以快刀斩乱麻的方式解决，很多问题需要随着时间、条件的变化才能解决。作为家长要学会与问题和平共处，转移目光，不要紧紧盯着孩子的缺点不放，应挖掘其优势、潜能，提升孩子美好的一面，抑制其内在消极的一面。

三、家校共育培养孩子积极情绪

对小宋积极情绪的培养仅仅依靠学校的力量是不够的，解铃还须系铃人，家庭教育不可忽视。我借助家校平台，将我和小宋的故事写成"心情日记"放在班级论坛上，小宋妈妈看后留帖"我的心被感动得无以复加"，表示一定用行动配合学校，从小事入手培养孩子积极健康的情绪。有了妈妈的支持和配合，小宋渐渐卸下身上带刺的铠甲，眼神中的不羁与挑衅也渐渐化作积极闪亮的光芒。

学校是培养孩子健康情绪的重要场所，在班级生活中老师更容易捕捉到孩子的情绪变化，抓住契机，可以唤醒其内心潜在的积极情绪。作为家长参与家校共育，可以学习到先进的教育理念和方法，了解孩子的表现和需求，更好地履行家庭教育的职责。家校共育增强了教育的连贯性，为孩子创造一个更加和谐、稳定的教育环境。

生活中，我们难免会被孩子极端的行为所激怒，但父母要保持理智、冷静，认清自己的角色及承担的责任，控制情绪，看一眼孩子纯真无邪的双眸，做一次深呼吸，微笑着去面对。只要我们真心地接纳、包容孩子，给孩子一点时间，结果会发生令人欣喜的改变。另外，适度运动是释放情绪的有效方式。我们可以每周安排孩子一定的时间进行运动，通过跑步、游泳、踢球、跳绳等运动，促进身体内啡肽的分泌，让孩子感到愉悦和放松，这不仅有助于管理情绪，还能提高身体素质。

【精准教育导航】

（1）尊重个性。尊重孩子的个性特点，不要给他们过多的压力，让他们能够自由地释放情绪。

（2）关注与倾听。要密切关注孩子的情绪变化，认真倾听他们的感受和想法，让孩子知道他们的情绪被重视。

（3）培养情绪表达能力。鼓励孩子用适当的方式表达情绪，帮助他们学会识别和理解自己的情绪。

（4）树立榜样。家长自身要保持健康的情绪状态，用积极的态度面对生活，给孩子树立良好的榜样。

（5）营造和谐家庭氛围。创造一个温暖、和谐、包容的家庭环境，让孩子感受到爱和安全感。

（6）传授情绪管理技巧。教会孩子一些情绪管理的方法，如深呼吸、放松训练等。

（7）适度引导化解问题。在孩子遇到情绪问题时，给予适度的引导和支持，而不是过度干预或批评。

（8）培养积极乐观心态。引导孩子关注生活中的美好事物，培养积极向上的心态。

锦囊作者：陈静

不要做"太心疼"孩子的父母

一、案例背景

在孩子的成长过程中,家庭与学校是两个至关重要的环境。然而,当前部分家长过于心疼孩子,在教育过程中过度保护、包办代替,这种现象不利于孩子的长远发展。例如,孩子已经具备一定自理能力,却仍由家长帮忙穿衣、喂饭,甚至在孩子上学时家长还帮忙背书包、整理文具。而当孩子在学校与同学发生小摩擦时,家长马上到学校找教师或对方家长理论,而不是引导孩子自己去处理矛盾。

诸如此类的现象,对于孩子的健康成长是有危害的。孩子长期处于被过度保护的状态,缺乏自我照顾、自我决策和解决问题的实践机会，导致其独立性严重不足。他们在面对新环境和新挑战时，往往表现出无助和退缩，难以独立应对生活中的各种事务。例如，孩子损坏了他人财物或违反了学校规则，家长总是出面善后，为孩子开脱，这使得孩子难以认识到自己的错误行为及其后果，缺乏对自己、对他人和对社会的责任感。一旦离开家长的庇护，孩子可能会因一点小挫折而一蹶不振，产生焦虑、抑郁等心理问题，严重影响其心理健康和人格健全发展。

究其原因，可能是以下几方面因素导致的。第一是家庭与学校教育理念不一致。部分家长过于注重孩子的物质享受和短期利益，认为只要孩子开心、不受委屈就好，忽视了孩子品德、能力和心理素质的培养。而学校教育更强调全面发展和综合素质提升，注重培养学生的规则意识、合作精神和创新能力。这种教育理念的差异导致家校在教育孩子的过程中难以形成合力，甚至出现相互矛盾的教育行为。例如，学校组织学生参加社会实践活动或体育比赛，旨在锻炼学生的团队协作和吃苦耐劳精神，但有些家长却因担心孩子吃苦受累而阻止孩子参加。第二是缺乏有效的沟通渠道和机制，家庭与学校之间往往不能及时、准确地了解孩子在对方环境中的表现和问题。家长可能只看到孩子在家中的一面，而学校教师也只能了解孩子在校的情况，双方无法全面把握孩子的整体状况。这使得一些家长在教育孩子时缺乏针对性，而学校在开展教育教学活动时也难以充分考虑到每个孩子的家庭背景和特殊需求。例如，孩子在学校可能因为学习压力大而出现情绪问题，但学校未能及时告知家长，家长也未主动与学校沟通，导致问题得不到及时解决，影响孩子的身心健康。第三是有些家长对孩子的教育期望过高，过于担心孩子在学校可能受到"不公平待遇"，对学校的教育教学工作过度干预。他们不仅对教师的教学方法和作业布置指指点点，还要求学校给予孩子特殊照顾，如调整座位、安排特定的教师授课等。这种过度干预不仅打乱了学校正常的教育教学秩序，也给教师带来了很大的压力，影响了师生关系和家校关系的和谐发展。

二、基于"避免过度心疼孩子"的家校共育策略

（一）统一家庭与学校教育理念

1. 加强家校教育理念培训

学校和家庭应共同参与教育理念培训活动，通过举办家长学校、专题讲座、线上学习等方式，让家长深入了解现代教育理念和孩子成长规律，认识到培养孩子独立性、责任感和挫折承受能力的重要性。例如，学校可以定期邀请教育专家为家长和教师开展"如何培养孩子健全人格""家校共育的有效策略"等主题讲座，帮助双方树立正确的教育观。

2. 制定《家校共育指导手册》

学校和家庭共同制定《家校共育指导手册》，明确双方在教育孩子过程中的责任与义务，以及培养孩子的目标和方法。手册内容应涵盖孩子在品德、学业、身心健康、社会实践等方面的发展要求，并提供具体的教育建议和案例分析。例如，在培养孩子独立性方

面，手册可以建议家长从日常生活小事入手，如让孩子自己穿衣、洗漱、整理房间等，学校则在课堂教学和校园活动中注重培养孩子的自主学习能力和团队协作能力。

（二）建立健全家校沟通机制

1. 多样化沟通渠道

建立多种家校沟通渠道，如定期召开家长会、家访、电话沟通、微信或班级群交流等。家长会可以每学期召开2—3次，除了向家长汇报孩子的学习成绩和在校表现外，还应重点讨论孩子的品德教育、心理健康和综合素质培养等问题。家访应每学年至少进行一次，深入了解孩子的家庭环境和家庭教育情况，与家长面对面交流孩子的教育问题。同时，利用现代信息技术，建立班级微信群，方便教师与家长及时沟通孩子的日常情况，如作业布置、学校活动通知、孩子的在校表现等。

2. 设立家校沟通专员

学校和家庭可以分别设立家校沟通专员，负责协调双方的沟通工作。沟通专员应具备良好的沟通能力和教育知识，能够及时收集、整理和反馈家长与教师的意见和建议。例如，学校的家校沟通专员可以定期组织家长座谈会，收集家长对学校教育教学工作的意见，并及时反馈给学校领导和教师；家庭的家校沟通专员则可以与教师保持密切联系，了解孩子在学校的情况，并向其他家庭成员传达。

（三）合理引导家长参与学校教育

1. 家长志愿者活动

学校可以组织家长志愿者活动，邀请家长参与学校的部分教育教学工作，如协助组织校园活动、参与图书馆管理、担任校外实践活动指导等。通过参与这些活动，家长可以更好地了解学校的教育教学过程，增强对学校工作的信任和支持，同时也能在实践中学习正确的教育方法，避免因过度心疼孩子而对学校工作进行无端干预。例如，在学校组织运动会时，家长志愿者可以协助教师组织比赛、维护秩序、为学生提供后勤保障等，在这个过程中，家长可以看到孩子在体育活动中的拼搏精神和团队合作能力，从而更加理解学校开展体育教育的意义。

2. 家长教育委员会

成立家长教育委员会，由家长代表、学校领导和教师代表共同组成。家长教育委员会的主要职责是参与学校教育决策、监督学校教育教学工作、协调家校关系等。例如，在学校制定课程设置、教学计划和评价体系时，家长教育委员会可以提出意见和建议，确保学校教育教学工作符合家长和社会的期望；同时，当家长与学校之间出现矛盾或纠纷时，家长教育委员会可以发挥协调作用，促进双方的沟通与理解，共同寻求解决方案。

三、结论

在孩子的成长教育过程中，家长不应过度心疼孩子，而应与学校携手合作，共同为孩子创造一个有利于其全面发展的教育环境。通过统一教育理念、建立健全沟通机制和合理引导家长参与学校教育等策略的实施，能够有效避免家长因过度心疼孩子而带来的种种教育问题，促进家校共育质量的提升。只有这样，才能培养出具有独立性、责任感、坚韧品质和良好社会适应能力的新时代人才，为社会的发展和进步奠定坚实的基础。家校共育是一项长期而复杂的系统工程，需要家庭和学校持续不断地努力与探索，在实践中不断总结经验，创新教育方法，以适应时代发展对人才培养的要求。

锦囊作者：赵璇

犯错了，没关系！
我们一起想办法！

当孩子犯错时，作为家长的你，是不是经常会有这三种表现：

你怎么回事？（批评、指责、训斥）

就这么简单的事，你都做不好！（否定、贴标签）

早跟你说了，要你别这样，这下好了吧？！（挖苦、奚落）

其实，我想说，错误是孩子成长的契机，一个孩子的成长，本质上就是一个不断犯错、不断纠错的过程。如果家长把孩子犯错看作是一次闯祸、麻烦，只会批评他，那错误就只是错误，孩子感受到的只是被责备，却不知道错在哪里，也不知道该怎么改正。但如果家长能在错误中，看到那个努力尝试、正在成长的孩子，就会多一份宽容和耐心，再加上正确引导，错误就会成为孩子一次宝贵的学习机会，让他从中收获经验、得到成长。接下来，我们来重新认识一下"错误"这位朋友吧！

一、知其"错"

错误是什么？《正面管教》将犯错的原因归结为这五类行为：缺乏知识的行为、缺乏技能的行为、发展适应性行为、失望产生的行为以及因为一个偶然事件导致的原始脑操纵行为。前三个原因是缺乏能力的"无能之错"，"无能之错"是孩子发展过程中的正常现象，父母需要做的是辅导知识、锻炼技能、帮助孩子发展适应性能力。父母需清楚终身成长的道理，正确认识到错误正是成长的最好机会。就像孩子学走路一样，无数次摔倒只是为了孩子去琢磨探索出正确的走路姿势，没有什么可惊慌的，也没有什么可着急的。毕竟父母不可能一辈子扶着孩子走路，孩子最终也一定会学会走路。

更多时候孩子犯错是因为后两种原因，即缺乏对归属感和价值感正确解释的"无知之错"。我们重点讨论这种犯错。美国心理学家鲁道夫·德雷克斯说:"一个行为不当的孩子,是一个丧失信心的孩子。"丧失信心的孩子为获得归属感和价值感进行的错误解读,形成了四项错误目的:"报关弃权",报是寻求报复;关是寻求过度关注,弃是自暴自弃,权是寻求权利。而大多数情况下,孩子是意识不到自己错误的。比如你问孩子为什么这么做?他们一般会说不知道或找其他一些借口。为什么会这样呢?作为家长,我们应该更多地去探求孩子犯错误背后的原因。

二、知其所以错

没有人能够阻止孩子的成长,也没有人能够阻止孩子犯错。为什么会犯错呢?

(一)做不到

不成熟的大脑发育在作怪。孩子小的时候,很多错不是不愿改,而是做不到,因为大脑皮层发育尚未完全,"理智、逻辑、判断"等功能室都没建好,所以在思考和行动时，并不具备深思远虑、考虑因果的能力。比如家长一直强调好好吃饭，不要撒出去，但孩子吃饭还是吃得到处都是，这可能是因为手腕力量、手指精细动作、手口协调能力还没发展好。不是他不改，而是我们给的成长时间不够。我们太迫切希望他"立刻改"，却忽略了一个孩子在某一发展阶段的能力有限。

（二）很难做

孩子的行为与大人的期待不匹配。很多时候，孩子看似"明知故犯"，背后其实是父母要求过高。我们常常希望孩子听话，如见到零食不嘴馋，一说练字就能写好……但是我们有些大人还会存在这样的情况：决定要减肥还是喝了奶茶、说好要早睡还是刷手机到半夜。在诱惑面前，大人尚且难以自控，何况一个几岁的小孩子。这些自律的行为都是需要长期、反复、刻意地练习才能成为习惯。这个过程吼骂无用，孩子不会因为父母的责备就突然一夜长大。父母除了放下不切实际的期待，正确引导、反复练习，还能做的就是耐心等待。

（三）不想做

孩子犯错时，我们越吼他越错。因为看着一脸无辜的在听你讲大道理的娃，其实心里想的却是如何"快跑，保命"。心理学上总结过一种被称为"超限效应"的现象：因为刺激过多、过强或作用时间过久，从而导致心理极不耐烦或引发逆反的心理现象。当父母在不断唠叨、责骂，同一件事说同样的话，反反复复，时间久了，就失效了。孩子也从最初的愧疚变成了不耐烦，甚至产生"越不让干，我越要干"的逆反心理。

三、将错变"措"

在孩子犯错时，我们的反应和引导方式对孩子的成长至关重要。比起让孩子自责羞愧，更重要的是教会他们如何弥补和负责。让我们一起来看看如何引导孩子。

（一）鼓励承认错误

首先，鼓励孩子勇敢地承认错误，而不是逃避或推卸责任。

(二)理解后果

帮助孩子理解他们的行为所带来的后果,让他们明白每个行为都有其相应的结果。然后与孩子一起制订一个具体的弥补计划,比如道歉、修复受损物品或帮助他人。

(三)承担责任

让孩子明白,每个人都需要为自己的行为承担责任,这是成长的一部分。

(四)从中学习

引导孩子从错误中学习,思考如何避免同样的错误再次发生,以及如何改进自己的行为。犯错是成长的一部分。让我们用爱和智慧,引导孩子学会从错误中成长,让孩子在有尊严的情况下学会对自己的行为负责,从而成为一个有责任感和自我管理能力的人。

鲁道夫·德雷克斯说:"完美在现实中从来不存在,只存在于我们的梦想中。"所以不要去要求孩子完美,允许孩子也允许自己犯错,只是要通过正确的方法从每次的错误中学到东西,通过错误来提高自己。所以孩子犯错不可怕,关键是父母要知其错、知其所以错、将错变"措"。最怕父母一问三不知,只是为了惩罚而惩罚,结果就是:错误重复了一百遍仍旧还只是个错误,惩罚重复了一百遍仍旧还只是个重复。

　　家长们,愿你们和孩子站在一起打败错误,而不是和错误一起打败孩子。

锦囊作者:徐畅

跟着我做：了解沟通，让家庭教育变简单

沟通，作为人类社会交往的基本形式，其复杂性和重要性往往被日常琐碎所掩盖。然而，在家庭教育中，沟通的质量直接影响着孩子的成长与家庭的和谐。现在，请跟随我，通过实践与反思，深入了解沟通的真谛，让家庭教育变得更加简单而有效。

一、沟通之惑：开启亲子沟通的认知之门

现在请准备好一支笔、一面镜子、一部手机，并保证孩子在家，跟着我做，打开沟通的认知之门。

请说一说什么是沟通？

现在请拿起手机,搜索沟通的定义,并把搜索结果抄写到下面的横线上。

_____

请认真思考并诚实回答以下三个关键问题,同时与孩子确认答案的一致性。

你是否经常倾听孩子的想法和感受?	是	否
你是否尊重孩子的选择和决定?	是	否
你是否信任孩子的能力和潜力?	是	否

也许你会好奇,我们说沟通为什么不说"听"与"说",而是提到了理解、尊重与信任?我们暂且留住这一疑问,通过后面的活动,相信你能找到答案。

请把三个关键词填写到下面的空格里。

| | | |
| | | |

二、沟通之察:审视亲子沟通的现状与问题

为了更全面地了解自己与孩子的沟通现状,请填写下面关于亲子沟通基本情况的表格。

你每天会花多少时间和孩子沟通？	
你和孩子沟通的主要内容是什么？	
你通常会用什么方式和孩子沟通？	
你觉得你和孩子的沟通效果如何？	

这份表格涵盖沟通的频率、内容、方式以及效果四个维度，帮助我们初步了解自己与孩子沟通的基本情况，现在请根据作答结果给自己的亲子沟通打个分，如果满分是 10 分，你给自己打几分？

接下来请再次邀请孩子参与评估，以确保评估的客观性和准确性。

以上亲子互动活动可以帮助我们识别沟通中的盲点和不足，为后续的亲子沟通提供明确的方向和依据。孩子的反馈相信一定令你有所触动，我们以为的沟通好像并不是我们以为的样子。翻到这篇文章你一定是想解决亲子沟通中的问题或找到高效沟通的方法，那就准备好手机，我们继续探索。

现在，请回忆在教育孩子过程中那些反复沟通却收效甚微的情况，然后把手机后置摄像头对准自己，打开手机录像功能，点击"开始录像"，现在把手机当作你的孩子，把你想对孩子说的话如往常一样说出来吧。

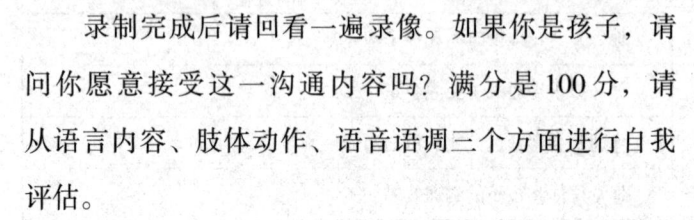

录制完成后请回看一遍录像。如果你是孩子,请问你愿意接受这一沟通内容吗?满分是100分,请从语言内容、肢体动作、语音语调三个方面进行自我评估。

语言内容	肢体动作	语音语调	总分

现在请拿出镜子,调整成微笑的表情,身体高度降低,与摄像头平视,调整自己说话的语音、语调,打开录像把刚才的内容再说一遍。

请看一遍录像,你现在的感受和刚才一样吗?相信你一定发现了,只注重沟通内容而忽视沟通中的非语言因素,沟通效果必然会打折扣。

美国心理学家艾伯特·梅拉比安提出了55387定律,它指的是人们在沟通中,语言内容对沟通的影响只占7%,语音语调占38%,肢体语言占55%。所以,在亲子沟通中,除了要注意语言内容的表达,还要注意非语言因素在沟通中的巨大作用。在亲子沟通中注重自己的语气、表情和动作,才能传递出更加积极、正面的信息。

三、沟通之变：优化亲子沟通的策略与实践

孩子犯错时，我们往往容易情绪失控，采用批评和指责的方式试图纠正孩子的行为。然而，这种方式往往适得其反，让孩子感到委屈、受伤，甚至产生逆反心理。所以语言内容虽然只占7%，但是十分关键。

如何提升沟通效果？我们可以尝试使用"观察+事实+感受+期待"的沟通公式。在沟通之前先观察孩子的行为，然后客观地陈述事实，接着表达自己的感受和需求，最后提出具体的期待。

我们再回到孩子犯错的场景，例如，孩子打碎了一只碗，我们应先观察孩子的情况，然后说："看到你很难过，知道你不是故意把碗摔碎的，我们一起来分析一下原因，看看怎么才能避免以后再犯同样的错误吧。"这样的沟通方式会让孩子感到被尊重和理解，也会让孩子更加愿意和你合作，共同解决问题。

四、沟通之术:丰富自己的亲子沟通策略

沟通方式并非一成不变,而应根据孩子的性格、年龄和喜好进行灵活调整。除了传统的面对面交流外,我们还可以尝试书信沟通、一起做游戏、共同阅读等多样化的沟通方式。这些方式不仅能够丰富沟通的形式,还能够增进亲子间的情感联结,让沟通变得更加有趣和有效。当然,随着科技的不断发展,采用信息化手段如视频记录孩子的成长点滴,然后和孩子一起观看,分享彼此的感受;借助 AI 形象进行传述等方式也为亲子沟通提供了新的可能。这些创新方式不仅能够打破时间和空间的限制,还能够让沟通变得更加便捷和高效。

以下还有几条策略可以尝试:

积极倾听策略。当孩子和你说话时,你应停下手里的事情,认真听他讲,还要有眼神交流,让孩子感受到你的关注和尊重。

用开放式问题引导孩子表达策略。例如,想了解孩子在学校的情况,可以问"你今天在学校过得怎么样?"而不是"你今天在学校有没有听话?"这样可以

让孩子更愿意分享自己的想法和感受。

主动表达自己的感受和需求策略。作为家长,要让孩子知道自己的想法和感受,同时也要尊重孩子的想法和感受。

当然策略还有很多,需要我们不断学习并实践探索。然而,无论采用何种沟通方式,我们都应牢记沟通的三个关键点——理解、尊重与信任。这三个词不仅代表了沟通的态度和原则,更是孩子健康成长的基石。在亲子沟通中,如果我们能站在孩子的角度去理解他们的想法和感受,尊重他们的选择和决定,信任他们的能力和潜力,那么就能够让孩子感受到父母的爱和关心,增强他们的安全感和自信心,从而提高他们的语言表达能力和沟通能力,培养他们的情商和社交能力。

正如《如何说孩子才会听,怎么听孩子才肯说》一书中所言:"父母和孩子之间的沟通,不仅仅是信息的传递,更是情感的交流。"当沟通成为家庭教育的核心时,许多教育问题将迎刃而解,家庭教育也将变得更加简单而有效。

锦囊作者:孟凡如

心手相连传递温暖，亲子之爱涵养温柔目光

孩子是父母的一面"镜子"，我们每个人和世界的关系问题，都能从童年和父母的相处方式中找到答案。"幸运的人一生被童年治愈，不幸的人一生都在治愈童年。"这句话道出了原生家庭对一个个体产生的深远影响，这些影响可能涉及性格形成、价值观建立、人际关系处理以及心理健康等多个方面。因此，亲子关系是我们每个人一生都绕不开的课题。许多父母对孩子的教育非常"重视"，他们把自己的时间、精力、金钱全部放在孩子的身上，例如，给孩子报很多兴趣班、陪孩子写作业、帮孩子整理书包……他们努力成为"完美的父母"，他们想不通为什么自己已经为孩子付出了这么多，牺牲了这么多，孩子仍然会出现各种各

样的问题,并没有成为自己想象中"完美的孩子"。究其原因,是他们忽视了一件至关重要的事:在教育孩子的过程中,家长最可以使劲儿的地方,是自己。

如果孩子意识不到成长是自己的事,我们只能等待和示范,而不能代替他安排生活。不过,我们对自己的生活是可以安排和改变的。在变成"完美的父母"之前,我们先要做的是成为"更好的自己",因为我们是孩子的第一模仿对象,也是孩子最初接触社会、了解世界的引路人。

一、父母的语言在塑造孩子

父母每天都在用语言定义和描述着孩子,很多孩子逐渐变成了父母所描述的样子。《父母的语言:3000万词汇塑造更强大的学习型大脑》这本书的作者之一达娜·萨斯金德是一位儿科教授。书中分析了父母与孩子交流时的词汇量和说话的方式,这些细节不仅会影响孩子的数学、空间推理和读写能力的发挥,还会影响孩子对自身行为的约束力和抗压能力。甚至孩子的毅力和道德品质也会受到影响。书中有数据表明:

在一个小时内，高社会经济地位家庭的孩子平均听到的单词数量是2000个。贫困家庭的孩子听到的单词仅仅有600个。另外，父母对孩子的回应也是有很大差异的。在高社会经济地位家庭中，父母每小时对孩子的回应有250次，但在低社会经济地位家庭中，父母对孩子的回应每小时不到50次。

当然，这里还要区分父母所表达的内容，是说了更多积极的话，还是说了更多消极的话，两种不同的话语效果是完全不一样的。我几乎每次开家长会都能遇到家长提及相同的问题：孩子不好管，孩子一做作业，我就发飙、怒骂。从表面来看，父母关注的是孩子的作业，但实际上，这个问题的核心来自父母本身。关注或重视一件事的表现形式有很多，但这些父母选择了怒骂和生气，这是因为他们自己还没长大。这样的父母，童年时可能往往是被压抑的。如果父母习惯了对孩子严厉苛责，一点儿小事就上纲上线，孩子长大后就容易把所有挑战、压力、批评，甚至一点点讨价还价，都视作道德问题，误会别人说的话、做的事，误认为对方的动机是瞧不起自己、不尊重自己。

二、所有关系都是亲子关系的投射

有的家长一辅导孩子写作业就火冒三丈、张牙舞爪,一股"无名火"腾地一下就蹿了出来。无论是老师还是家长,我们都要小心自己出现这种莫名其妙的感觉。莫名其妙的生气只是表象,深层原因是你的潜意识在诱导你。

我们班的一位家长总和我抱怨:"马老师,孩子作业不会做,我发飙了。孩子只会哭,孩子的爸爸像个隐形人,一提作业整个家都不安宁。"我说:"每次见您接孩子都是温声细语的,和孩子像朋友一样相处,怎么一辅导作业就发火了呢?"她说:"我着急,该讲的道理都讲了,能用的方法都用了,孩子就是不会做,我的火腾地一下就上来了。"我问她:"您和您父母的关系怎么样?"她说:"我和母亲的关系还不错,但是父亲很严格,小时候我只要作业做得不对,他一定会骂我。我8岁的时候,作业写得不对,他当场把我的作业本撕碎了。"我说:"所以,当你辅导你的孩子做作业的时候,就变成了当年那个8岁的小女孩,你的闺女现在9岁了,这等于是一个8岁的妈妈在教一个9岁的女儿做作业。一旦女儿出现作业做得不对的情况,你心中关于作业的所有负面感受就全部冒了出来。"

很多父母常常对孩子说:"你今天犯的这个错,我有没有提醒过你?我跟你说过多少遍了?"这句话背后的意思就是:"这事你不能怪我,要怪就怪你自己。"这是父母在和孩子划清界限。父母觉得自己不能被批评,因为从小到大面临批评的感觉太恐怖了,恐惧的心理已经占据了他们的潜意识。孩子做作业时,父母发飙就是如此,这是保护自己的一种防御机制,把孩子当作指责对象,自己就解脱了。父母盯着孩子,让孩子"忍辱负重"地写作业,起到的是反作用。孩子会用80%的精力来应付父母,他脑子里想的不是怎么做题,而是"怎么能让我爸(我妈)别发火、别生气"。很多孩子作业做到晚上10点多,不是因为作业多,大多数情况是因为孩子边玩边做,这样肯定慢,再加上旁边有个人一直在唠叨,就更分散他的注意力了。长此以往形成了恶性循环,孩子产生做作业就是要有人盯,没人盯就什么也做不了的观点。很多家长习惯性地选择"盯"这种方式,基本上就是把自己原生家庭紧张的管教模式延续了下来。

　　家长朋友，您必须成长，才能够陪伴孩子成长，通过您的改变，让孩子对学习和生活有信心、对爱有信心，这就是陪伴孩子成长的意义。我不仅仅关心孩子，更关心您！

锦囊作者：马佳艺

宠溺化春风，爱心拨迷雾

一、问题现象

孩子是每个家庭的重心，在单亲家庭中也不例外，孩子可能因失去父母某一方而产生深深的困扰，尤其是当父母一方去世时，这种创伤更深，影响也更长期。抚养孩子的一方可能感到孤独，缺乏另一方的支持，养育孩子有时会感到力不从心，甚至于担心亏欠了孩子而想过度弥补。

孙同学，10岁，6岁丧父，上学以来由姥姥姥爷接送和照顾日常起居，妈妈因工作原因每天很晚回家，陪伴的时间有限，对孩子的关照就是尽量满足孩子的物质需求，对孩子宠爱有加，担心孩子敏感，平时孩子有错不敢说、自己生气不敢恼。家长明显感觉对于孩子的管教有心无力，孩子已经进入青春期，总想找同学聊一些青春期女孩子私密又成熟的话题，完全没有心思学习，回家不写作业、早晨不愿意来上学。姥姥姥爷对于孩子拖沓、生活不自理的行为进行批评教育，但是孩子情绪波动大、会反抗。情急之下姥爷会采取惩戒教育，而妈妈认为孩子的问题要疏导，不赞成姥爷的管理方式，担心孩子受委屈，却也一筹莫展，一度崩溃之时想通过心理医生来缓解自己的压力或解决孩子的问题。

二、问题分析

（1）从小对孩子的娇惯，源于妈妈的不自信；过度的满足，致使孩子骄纵。担心孩子比别人缺少爱，本身就是焦虑的表现。"规则、管理"和"温馨、有爱"在家庭氛围中并不冲突。家长还没有分清浅层爱和深层爱的界限。

（2）姥姥姥爷偶尔的管教得不到母亲的支持，会导致长辈任何一方都得不到孩子的尊重，孩子利用大人之间的矛盾达到自己的目的。

（3）孩子的成长问题已经积压了很多年，突然来到青春期，孩子的突发状况令家长措手不及。

（4）沟通不等于说教，急躁解决不了问题。家长需要用耐心、同理心去激发孩子的良善之心和孝心。

三、具体策略

（一）建立稳定的家庭环境

我们始终要把良好的亲子关系放在第一位，尽量创造一个稳定、温馨的家庭环境，给孩子提供安全感。首先我们应理解一位单亲妈妈一只肩膀需要赚钱养家，另一只臂膀还要兼顾上有老下有小的家庭，敬上哄下、面面俱到，实属不易。但这位妈妈从一开始就有一个认知上的误区，即年幼丧父不代表父爱的缺失，6岁前孩子也是有记忆的，爸爸高大的形象一直都在。在孩子愿意倾听的时候，讲讲爸爸对孩子的照拂，也是孩子的幸福。作为妈妈应用自己的坚强和勇敢去影响和培养孩子坚毅的性格，并非用脆弱的态度去博得别人的同情。可以尝试着与孩子共同培养一种爱好来创造快乐的家庭氛围，例如，选择一种体育运动，跑步、打羽毛球等运动会使人产生多巴胺和内啡肽，每天坚持30分钟，既锻炼了意志品质，又娱悦了身心，更容易增进亲子感情，坚持几个月就会看到变化；也可以进行亲子阅读，交流阅读感受，培养良好的日常阅读习惯，在探讨阅读感受时影响孩子的三观，日积月累，大人和孩子都受益。

（二）与孩子建立良好的沟通

拥有了良好的亲子关系和稳定的家庭环境后，家长应尽可能多地与孩子进行良好、有效的沟通，可以利用周末时间参与孩子的亲子活动，约上三五好友，孩子聊孩子的，大人聊大人的，从侧面了解他们的需求和关心的事情。用同理心为孩子创造一个放松、安全的倾诉环境，帮助他们释放内心的压力和矛盾。对于青春期的某些话题，不用回避、不必隐晦，大大方方地说出自己的想法。倾听和了解孩子的想法和感受后，应给予理解与支持。

(三)制定明确的规则和界限

明确家庭规则和界限,让孩子知道什么是可以接受的行为,什么是不可接受的。姥姥姥爷作为长辈,原本没有义务再照顾小辈,但他们体谅女儿,心疼外孙女,尽管家庭教育方式方法上有些简单,但是妈妈处理问题时一定要以"尊敬长辈、孝敬老人"为前提,这不仅是中华传统美德,更是家庭和谐的重要因素。明确了这一点,在祖辈帮忙照顾孩子的时候,会得到更多的欣慰,而孩子了解到"大人统一战线",就会更明白敬重与体谅的含义。当然,可以适时地私下和老人进行有效的方法沟通。解决了这个问题,其他都是小问题。再适时和老师约定好,作业一定要在学校完成等问题,避免回家拖沓。要诚实地与孩子沟通这些规则,并对违反规则的后果做出明确的说明。

(四)培养孩子的独立性和责任感

马斯洛需求层次理论中的生理需求、安全需求、社交需求和尊重需求在孩子的内心都不难得到满足,但自我实现需求方面,很多孩子很难通过学习来体现,所以我们要培养孩子的独立性和责任感，让他们学会自主解决问题和承担责任。我相信如果每个孩子在家都能像在学校一样参与值日，在家中的被信任程度一定会提高，得到认可之后，会更加积极地完成家务，从而使得自我实现需求得到满足。因此我们要想办法培养孩子独立的能力，鼓励孩子独立解决问题，增强他们的自我保护意识和自尊心，适当地给予他们自主权，鼓励他们参与家务和学校活动。

此外，家长还要定期关注孩子的心理健康状况，必要时寻求专业心理咨询师的帮助。

四、反思总结

希望看到上面文字的所有家长，对于孩子的教育问题能有前瞻性，不要等到发现问题才去解决问题，容易被动。我们对孩子的爱与严厉其实并不冲突，严格的教育也绝非打压式的教育，规则意识从小建立，爱自然在点滴的生活小事中被孩子感知，没有规则的爱是浅层的，更是于成长无益的。

锦囊作者：朱薇蕾

家校共育情为链,师生同心桥自通

在孩子漫长的成长路上,小学时光宛如一幅绚丽多彩的画卷,每一笔都记录着他们的欢笑与泪水,每一线都牵动着家校之间紧密相连的心。然而,在这幅画卷上,有时也会出现一些不和谐的色彩——孩子与老师之间的误解与隔阂,就像一道道难以逾越的鸿沟,影响着孩子的成长与未来。今天,让我们一同走进这段故事,探索如何以温柔与智慧,搭建起家校之间那座坚固而温暖的心灵桥梁。

一、拂去心灵的尘埃

在孩子纯真的世界里,老师的每一句话都可能成为他们心中的"天气预报"。温暖的话语如同春风拂面,轻轻滋润着他们的心田。然而,当严厉的话语化作冰冷的雨滴,滴落在孩子幼小的心灵上时,便会在他们心中种下自我怀疑的种子。

琳琳,一个对数学充满好奇的小女孩,就因一次考试中老师一句不经意的"脑瓜里都是糨糊",她陷入了深深的自我否定之中,甚至对数学这门学科产生了恐惧。

同样,在一次作业批改中,老师只是简单地在阳阳的作业本上画了很多红叉,并没有给予任何解释,就使阳阳认为自己是个差生,此后每次做作业都战战兢兢,害怕出错。

在课堂提问环节,明明经常被老师忽略,他觉得老师不重视他,逐渐变得沉默寡言,在课堂上也不再积极主动。

这些情况背后,是孩子对老师不同行为的误解,也是他们对于自身价值的迷茫。沟通本是心灵交流的桥梁,但在某些时刻,却成了孩子与老师之间的障碍。孩子们或因表达能力有限,或因害怕老师的威严,而选择将内心的困惑与委屈深埋心底。这种沉默,像一道无形的墙,隔绝了师生之间的理解与信任。

二、寻觅心语的密钥

小学阶段的孩子，正处于心理发展的关键时期。根据皮亚杰的认知发展理论，这个阶段儿童的自我中心主义逐渐减少但仍存在，他们往往从自己的角度去理解老师的评价，所以老师的一句评价，都可能成为他们心中波澜起伏的源泉，他们的自尊心如同初升的太阳，既耀眼又脆弱；他们的心灵，如同一块未被雕琢的璞玉，渴望被认可与赞美。

从老师的角度来看，老师的教学风格各有不同，有的老师较为严厉，这源于对孩子未来的深切期望，希望通过严格要求帮助孩子养成良好的学习习惯和态度；有的老师则较为温和，更注重包容与理解。然而，由于表达方式的不同，老师的关爱有时却难以被孩子所感知。比如，严厉的老师可能在批评孩子时，没有充分考虑到孩子的心理承受能力，而温和的老师可能在鼓励孩子时，没有让孩子深刻理解背后的期望。这就容易导致师生之间的误解与隔阂，成为问题的根源之一。

此外，家校沟通的断层也是导致师生关系紧张的重要原因之一。从教育社会学的角度看，家庭和学校都是孩子社会化的重要场所，两者需要协同合作。家校之间缺乏有效的沟通与协作，导致孩子在学校的表现难以被家长了解，老师对孩子的家庭背景也知之甚少。这种信息不对称，成为师生关系紧张的根源之一。

三、搭建心灵的桥梁

为了化解孩子与老师之间的误解与隔阂，我们开始着手搭建起家校之间那座坚固而温暖的心灵桥梁。

（一）加强家校合作与沟通

我们通过定期的家访、家长会以及家校联系册等方式，建立起家校之间的紧密联系。同时，家长主动与老师建立定期沟通机制，了解孩子在学校的表现和需求，积极参与家长会、校园开放日等学校活动，增进对老师的了解与信任，共同探讨孩子的成长与未来规划。例如，小宇的家长定期与老师沟通，了解到小宇在学校比较内向，不太合群。于是，家长和老师共同制订了计划,鼓励小宇参加学校的社团活动,老师在学校给予小宇更多的关注和引导,家长在家里也积极引导小宇分享学校生活。一段时间后,小宇变得开朗起来,与同学们的关系也更加融洽,学习成绩也有所提高。这种携手并肩的合作与努力,让孩子在成长的道路上不再孤单与迷茫。

(二)鼓励孩子与老师进行情感交流

每一个老师,都是孩子成长路上的引路人。我们鼓励孩子与老师进行情感上的交流与沟通,这是化解误解、增进理解的关键。家长可以通过家庭活动或故事分享等方式,引导孩子将老师与熟悉的人进行类比,如"老师就像妈妈一样关心我",让孩子将老师视为可以倾诉心声的朋友。

当孩子们勇敢地向老师说出自己的困惑与委屈时,他们不仅能得到问题的解决与安慰,更能收获自信与勇气。比如,轩轩一直觉得老师在课堂上对他太严厉,在家长的鼓励下,轩轩鼓起勇气向老师表达了自己的感受,老师这才意识到自己的方式可能有些过激,向轩轩解释了原因,并且调整了教学方式。此后,轩轩不再害怕老师，反而更加积极地参与课堂互动，学习成绩也有了明显提升。

  同时，我们建议家长引导孩子去发现老师的优点与闪光点。通过讲述老师教学背后的故事与付出，让孩子们了解到老师的严厉并非出于恶意，而是源于对他们未来的深切期望与关爱。就像琳琳了解到老师为了准备一堂生动的课而熬夜制作精美的PPT时，她心中的乌云逐渐散去，取而代之的是对老师的敬佩与感激。

四、握紧爱的接力棒

  回顾这段故事，我们深刻体会到家校共育的重要性与意义。教育的本质不仅仅是知识的传授与技能的培养，更是心灵的触碰与成长的共鸣。在家校共育的旅程中，我们共同见证了孩子们的成长与蜕变。从最初的挣扎与困惑到如今的自信与勇敢；从最初的沉默与隔阂到如今的交流与理解；从最初的误解与隔阂到如今的信任与关爱。这一切的一切都离不开家校之间的紧密合作与共同努力。

愿家校之间的情感链条更加牢固与紧密，愿师生之间的关系更加和谐与融洽，愿每一个孩子都能在成长的道路上享受到爱与关怀的滋养！

锦囊作者：隋淑华

学习生活

知识为炬,习惯作阶,每一步都通向星辰的高度

与子同行化拖延，携手共赏成长景

开学初，我发现有的孩子做事拖拖拉拉，尤其在学习上，明明 20 分钟能完成的作业，却需要很长时间才能完成。当别的同学埋头认真地写作业时，这些拖拉的孩子不紧不慢地从书包里掏出作业本；当别的孩子已经交作业了，他们才写几道题……很多家长也跟我诉苦，孩子在家写作业时一会儿吃东西，一会儿又往厕所跑，没有时间观念，开始任务前总找各种理由推迟。帮助孩子赶走拖延，培养他们的时间管理能力和自律精神，提高学习效率和高效的做事能力，我们的爸爸妈妈可以从以下几方面进行尝试。

一、找准目标，激发内在动力

一个孩子如果没有明确的目标和动力，就难以保持对任务的积极性和专注力，从而倾向于拖延。我们可以引导孩子制订一个清晰明确、可实现的目标计划，让他知道自己要做什么、怎么做以及何时完成。通过制订计划，孩子可以更加有条理地安排自己的时间和任务，避免拖延行为的发生。比如，每天放学后先完成作业，然后可以玩半小时；周末完成所有学习任务后，可以额外获得一次逛公园、看电影、吃美食的机会。这样的目标既具体又诱人，能够激发孩子的内在动力。当孩子按时完成任务并取得成果时，可以给予他们适当的奖励和表扬。这种奖励机制可以让孩子更加愿意赶走拖延症并为之付出努力。我们可以在孩子的书桌旁设立一个目标奖励墙，每当孩子完成一个小目标，就在墙上贴上一枚小星星或者画个小笑脸，累积到一定数量就可以帮助孩子实现一个愿望。

有的孩子面对庞大的任务，往往会感到无从下手，从而产生拖延。这时，我们可以帮助孩子将目标分解成若干个小步骤,每完成一步就给予孩子相应的正面反馈。这样孩子可以更容易地看到完成任务的进度和成果,从而保持动力和积极性。比如,将数学作业分为三个小题组,每完成一组就休息几分钟,这样孩子既不会感到"压力山大",又能逐步推进任务进度。分期制定小目标,先从孩子最容易达成的目标开始。孩子在一个个小目标中挑战自我,不断进行自我发展,最终走向我们期待的方向。

二、时间管理,养成自律习惯

孩子如果没有良好的时间管理能力,就很难有效地安排时间和任务,可能会因为不知道应该先做什么而犹豫不决,也可能因为无法控制自己的时间而拖延。因此,我们可以先培养孩子对时间的感知力,让孩子感受时间的长短。如给孩子计时 1 分钟,进行口算、跳绳、数豆子等,让孩子感受 1 分钟的时长。又如,孩子们进教室做课前准备时,我利用希沃计时器为孩子们记录从进教室到准备工作结束的过程,发现孩子们的动作越来越麻利。再如,孩子在写作业前,先让孩子预估耗时多长时间能完成这项作业，再让孩子看着钟表上的时间，然后开始写作业。孩子在写作业时，父母尽量不催促，可以换成："你已经用了多长时间，还需要多长时间可以完成？"让孩子感知时间，自己掌控时间。

我曾经带领孩子做过"撕出人生精彩"的游戏，给每个孩子一张 A4 白纸，告诉孩子："这张白纸就是我们的一生，倘若我们一生的寿命是 100 岁，请你撕掉已经走过的时光。"孩子们小心翼翼地撕掉了这张纸的十分之一。

"倘若我们 60 岁退休，请撕掉 40 岁。"孩子们又撕掉了这张纸的十分之四。"孩子们，撕掉你们睡觉、玩耍、吃饭的时间。"在只剩一半的纸张上，孩子们又慢慢地撕去了一半。

我继续让孩子撕去自己愣神、拖拉、磨蹭所浪费的时间，这时一张 A4 白纸所剩无几，孩子们都不忍心往下撕了。

我趁热打铁道："剩下的时间，你觉得还能继续磨磨蹭蹭、拖延浪费吗？"

孩子们摇摇头，满脸凝重，陷入沉思中……

那么如何做到不拖拉、不磨蹭，高效地做事情呢？孩子们展开了一场激烈的讨论。

"把每天的任务列清单，先做重要的、紧急的事情，事情完成后画上√。"

"我们每天回家要写作业、做家务、进行体育锻炼。我们可以写完语文后开展一下家务劳动，然后再写数学作业。写完数学可以下楼跳5分钟绳，回来再写其他科作业，交替完成，这样安排既有利于休息又有利于学习。"孩子们各抒己见。

"孩子们，你们的想法概括来说就是优化管理时间。改变任务内容就会产生新的兴奋灶，人的脑力和体力就可以得到有效的调剂和放松。这样可以高效能地完成我们的规划。"我总结道。

通过讨论，孩子逐渐学会了如何与时间做朋友，拖延也得到了显著改善。更重要的是，孩子们学会了自我管理、提升了责任感，这对于他们的成长来说，无疑是一笔宝贵的财富。

为了帮助孩子养成良好的时间管理习惯，我们还可以利用一些时间管理工具，如时间沙漏、儿童版的时间管理APP，帮助孩子建立时间观念。比如，我们

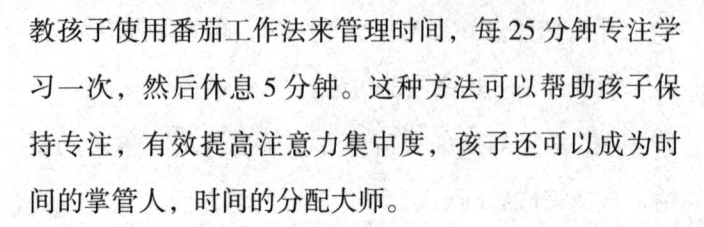

教孩子使用番茄工作法来管理时间，每25分钟专注学习一次，然后休息5分钟。这种方法可以帮助孩子保持专注，有效提高注意力集中度，孩子还可以成为时间的掌管人，时间的分配大师。

科学研究告诉我们：坚持一个行动，关键在头3天。如果能坚持21天以上，就能形成一个习惯；如果能坚持90天以上，就会形成稳定的习惯；如果能坚持365天以上，你想改变都很困难。

三、以身作则，营造积极氛围

父母的教育方式和期望都可能对孩子的拖延行为产生影响。比如，父母对孩子施加压力或期望过高，可能导致孩子通过拖延来逃避。为了帮助孩子克服拖延症，父母需要耐心观察和细心分析孩子的具体情况，并采取针对性的措施进行干预和引导。父母的态度和行为对孩子有着深远的影响，孩子在努力克服拖延症的过程中，父母应给予足够的支持与理解，避免过度批评或施加压力。每个孩子都有自己的成长节奏和特点，父母需要尊重他们的选择并给予适当的引导。同时，父母也要做好榜样，向孩子展示如何高效管理时间，比如合理安排工作与休息，共同营造一个积极向上的家庭氛围。

每个孩子都是独一无二的，找到最适合他的方法，才是赶走拖延症的关键。相信通过我们的共同努力，可以帮助孩子摆脱拖延的困扰，使他在未来的学习和生活中更加出色和成功。

锦囊作者：刘瑞芬

春风化雨润童心,暖言细语筑自信

"妈妈,为什么别的同学都这么优秀,而我却这么差?"

"这件事我肯定做不好,我会搞砸的。"

"万一说错了怎么办?还是不举手了吧。"

亲爱的家长朋友,您可曾从孩子那里听过类似的话语呢?当孩子进入小学,有些事情便开始发生微妙的变化。不论是面对学习,还是面对人际交往,预期与现实的不一致,会让孩子产生各种各样的情绪。就拿写作业这件事情来说,作业的难度是否符合孩子的能力预期,作业的反馈是否正面,都会成为孩子的情绪来源。如果作业难度过高,作业时间过长,并且完成作业后孩子得到的反馈是负面的，那他获得的情绪也会是负面的。当这种负面的情绪不断积累，孩子便会渐渐产生挫败感，开始怀疑自己的能力，而挫败感的持续叠加，最终会击溃孩子的心理防线，导致孩子失去自信。不过每个孩子的情绪阈值都不一样，性格内向且心思细腻敏感的孩子对情绪的感知更加明显，因此也更容易被负面的情绪所影响。

孩子的自信是一点点流失的，或许是因为他们长期处于挫败的情绪之中，或许是一次次地期待得到认可却从未被满足。所以帮助孩子重拾自信，也会是一个既漫长又考验耐心的过程，在这一过程中如果教师和家长可以相互配合，那将取得事半功倍的效果。接下来就让我们一起携手，开启一段重拾信心之旅吧！

锦囊妙计一：把"坏消息"变成"好消息"

在孩子的世界里，往往一件小事就能引发一场情绪风暴。他们可能会因为一次作业没有全对、一个拼图未完成或是朋友间的小摩擦而感到沮丧。作为家长，我们可以引导孩子转换视角，将孩子眼中的"坏消息"

转化为他们成长道路上的"好消息"。

当孩子倾诉他们的困扰时，我们要与他们产生情绪共鸣，让他们知道大人理解他们的感受，并且能够接纳他们的情绪。比如，可以告诉孩子："我明白你觉得自己没做好，这让你感到很难过。"接着，我们可以引导孩子从不同的角度看待问题。比如，作业没有全对，可以看作是发现学习漏洞的好机会；未完成拼图，可以鼓励孩子尝试不同的策略或寻求帮助；朋友间的小摩擦则是学习沟通和解决冲突的好时机。我们还可以使用积极的语言来替代消极的表达。比如，将"我做不到"转变为"我可以尝试"；将"我失败了"转变为"我从中学到了"。最后，我们可以与孩子一起寻找其中的成长点。这不仅能帮助他们看到事情的另一面，还能培养他们的韧性和乐观态度。

锦囊妙计二：从能够摘到的"桃子"开始吧

对于小学阶段的孩子来说，挫败感的来源大多数与学习有关，比如因为学习难度的增加，无法再取得和之前一样的水平,抑或是长时间的学习,让孩子渐渐失去耐心。因此,帮助孩子在学习上取得小成功,逐步建立自信至关重要。

我们可以与孩子一起设定短期、可实现的学习目标,如每天练习20道口算题并全对、每周背诵一首古诗、取得一次听写全对等。这些小目标应该是孩子通过努力能够达到的。对于较大的学习任务,如完成一篇习作,可以引导孩子将习作分解成若干个小步骤,按照习作的大纲给每个部分设定完成的时间,在动笔前先构思,构思完成后开始计时,当大目标变成小目标,完成的难度在心理上就大大降低了。

孩子每次完成设定的小目标时,我们都要及时给予正面反馈和奖励,让他们感受到成功的喜悦。这种正面体验会激励他们继续努力,追求更高的目标。随着孩子能力的提升,我们可以逐渐提高任务的难度和复杂性,但要确保每次挑战都在孩子的"最近发展区"内。

锦囊妙计三:我是不可缺少的那一个

让孩子在家庭和学校中找到自己的定位和价值,

对于培养他们的自信心至关重要。通过赋予孩子特定的角色和任务，可以让他们感受到自己的重要性和责任感。

在家中我们可以为孩子设立一个固定的岗位或任务，如负责整理书架、照顾宠物、准备早餐等。这不仅能培养孩子的自理能力，还能让他们感受到自己对家庭的贡献。在学校我们可以鼓励孩子积极承担班级任务，如担任小组长、班级代表或参与志愿服务等。这些角色能让孩子在集体中找到归属感，增强他们的自信心和责任感。

无论是在家庭中还是学校里，我们都要认真倾听孩子的每一次发言，并鼓励孩子积极表达自己的想法。即使他们的观点可能不够成熟或全面，也要给予肯定和鼓励，让他们知道自己的声音是被重视的。每隔一段时间，我们还可以与孩子一起回顾在家庭和学校中的成就与进步，无论是学习上的还是品德上的。通过制作成长记录册、举办家庭庆祝会等方式，让孩子感受到自己的成长和变化。

最后，想对每一位家长朋友说："每个孩子都是独一无二的星辰，他们的光芒或许一时被乌云遮掩，但只要给予足够的耐心、理解与支持，终能穿透云层，闪耀天际。"建立自信，不仅是为了孩子应对当下的挑战，更是为其铺设一条通往梦想与未来的光明之路。在这条路上，愿我们与孩子并肩前行，共同见证每一个闪闪发光的"我"，在人生的舞台上绽放出最耀眼的光彩。

锦囊作者：孙璟珺

云淡风轻处，自信花开时

在孩子的成长旅程中，自信如同阳光，能照亮他们前行的道路，给予他们勇气和力量。小学阶段是孩子自信建立的重要时期。

面对人工智能时代的来临，一个人自信的重要性更加凸显。拥有自信的孩子更有可能适应变化，学习新技能；自信的孩子更愿意尝试新事物，不害怕失败，这对于创新和解决问题至关重要。在数字时代，虽然技术交流变得普遍，但面对面的社交技能依然重要，自信可以帮助孩子更好地与他人交流和合作；自信的孩子更有可能拥有良好的心理健康水平，能够更好地应对压力和挑战。在快速变化的世界中，自信的孩子更有可能持续学习，不断进步；自信的孩子更有可能成为未来的领导者，他们能够激励他人并引导团队。

随着科技的进步,适应新环境和新情况的能力变得更加重要,自信的孩子更有可能灵活适应……

孩子一步入小学阶段,拥有自信的基础便各不相同,表现最为明显的方面是勇敢表达和展现自我的能力。举一个校园实践活动的例子:在学校第二届诗词大会闯关活动中,时间相同,内容一致,通关率却高低不同。有的学生能在很短的时间里完成全部内容,也有部分学生只完成了三分之一的内容。究其背后原因,完成度不理想的学生多是因为自信心不足:明明自己的古诗背诵已达到120首,却连前40首的接龙都羞于挑战;找不到关卡位置,也不情愿主动寻求老师和同学的帮助;选择独立闯关,不愿与同学组队……

面对自信心不足的学生,首先要做到信任和支持孩子,因为人的变化都是有一个过程的,在这个过程当中,如果没有信任和支持,那他永远都会让你失望。

希望爸爸妈妈们可以从以下三个方面入手,帮助孩子建立自信。

一、构建出云淡风轻的家庭环境

当家长一定不能感觉累,你要是累,那一定是哪里出了问题。安安同学的家距离学校比较远,每天父母都要驱车几十公里往返接送他上下学。爸爸也常把这种辛苦作为与各学科老师沟通的前奏,希望被理解、被照顾……这样感觉辛苦的内心情绪反射到孩子身上便是过度的关注和沉重的期许,势必影响孩子快乐健康地发展,让孩子觉得自己给家长带去了麻烦,影响自信的建立。

作为家长,与孩子平等相处很重要。以孩子为中心的家长,各种事情都会愿意与孩子商量,让孩子自己做决定,小到穿衣穿鞋,大到去哪儿上学,都要了解孩子的意愿。如何营造云淡风轻的家庭环境,说得直白些,就是尽可能降低作为家长的控制欲。家庭中的大事小情都是可以坐在一起商讨的。遇到任何事情,都是可以心平气和沟通的。凡事不管是否遵循自己的意愿,都要积极面对,耐心处理,为自己的选择负责。云淡风轻的家庭环境可以带给人松弛感,而松弛感是孩子建立自信的重要基础。

二、成年人给予孩子绝对的尊重

随着孩子年龄的增长,家长们会抱怨孩子不像小时候那样喋喋不休地分享学校里发生的事情了。小时候,然然是妈妈贴心的小棉袄,学校里发生的芝麻绿豆大的事儿都会迫不及待地告诉妈妈;进入初中,母女间的沟通突然变少了,甚至有时妈妈连发几条微信,她都不理不睬!妈妈很伤心,担心女儿早恋!然然却说:

其实很多时候,不是我不愿意跟妈妈沟通,而是她总是会把事情搞得让人扫兴,渐渐地,我就懒得说了,我觉得她不想听,或者急着说出她的观点,终止对话……

家长常常走两个极端,要么往死里管,事事都要过问,件件都要干涉,时刻展现自己的权威;要么做甩手掌柜,懒得听、懒得管,一切交由孩子自己解决,美其名曰锻炼独立性,实则为自己的不负责找借口。面对孩子,父母要常常拥有把孩子当作自己要好的同事或室友的心态去相处。放下高高在上的优越感,要把孩子当作有独立人格的人去对待，能够恰到好处地爱他、关心他、尊重他，帮助他，跟他平等对话。父母要多给孩子一些空间和弹性，让孩子自己去尝试着探索；父母也不要过度焦虑万一他做不好怎么办，即便他做不好，也比家长包办强。被尊重是孩子建立自信的关键支点。

三、家长要拥有改变自己的勇气

鑫鑫是一个情绪很难自控的孩子，入学两个月了，仍旧处于稍有不满就大喊大叫甚至动手打人的状态中，在他的世界里，一切必须遵循他的喜好。在一次外出实践时，我们邀请他的妈妈陪同前往，一是突发情绪失控可以照料孩子；二是侧面观察亲子关系找到根源。观察和沟通中发现，妈妈对于鑫鑫的一切要求，不管合理不合理，照单全收，因此养成了他一切以自我为中心的习惯。妈妈解释：不满足他，他会哭闹不止啊，实在心疼，也就只能依着他了……

对孩子真正有用的教育就是家长的示范。实际上家长只要做一点点改变，孩子就会有大幅度的改变，因为孩子对于家长的状态是非常敏感的。家长在情绪不好的时候是怎么处理情绪的，是怎么处理矛盾的，把这些让孩子看到，观察爸爸妈妈正确处理的方式方法，适当地让孩子参与到成人的世界。家长以身作则，才是对孩子真正有用的教育，嘴里的那些说教，并不是真正的教育。

总之，小学阶段帮助孩子建立自信要靠家校携手，营造遇事云淡风轻的处理环境；看见进步给予鼓励，发现不足正向引导；尊重孩子的话语权、参与权和决策权；发现自身的问题要勇于承认，积极改进，永远抱着和孩子一起健康成长的心态前行……让我们共勉！

锦囊作者：张智勇

以责任之名相爱，让每个明天都值得期待

董宇辉推荐过一本成年人的童话书，即法国作家安托万·德·圣-埃克苏佩里的《小王子》，其中他读到一段英文，翻译过来大概是："我们的存在经由一个自我选择的过程开始，在背负责任中延续。这意味着一旦我们背弃了责任，那么原先的对象和所有的行动也就此失去了意义，所作所为也会重归虚无。"这句话也是这本书诸多名句之一，它似乎是作者追寻沉淀之后对人生的理解和感悟。虽然此书已经出版80余年，世界、时代和人们的思想都发生了巨大改变，但是我们每每读来都有新的启发，它的魅力也在于此。作为父母，我们尤其应该阅读并思考，如何担起父母职责，如何让我们的孩子成为真正担起责任的"王子""公主"。

一、浮于表面的现象：美其名曰的"不内耗"

在与小学高年级学生家长的接触中，老师们会经常听到这样的话：现在有点管不了孩子，我们没有办法了，或者我们家的孩子受到班里×××的影响。而在学校里，老师们也经常遇到这样的孩子，他们经常把"我怎么了"挂在嘴边，即使犯了错误，也不会主动承认错误，说声对不起，习惯性地把犯错的原因归为："×××也这样做了，老师为什么不批评他，只批评我啊？！"或者极不情愿地说一句："那我错了还不行吗？"

有时遇到较大矛盾，他们会找到对自己有利的一个点反复强调，用以抵销自己的错误，或逃避自己应负的责任。

当矛盾上升到家庭之间、家庭学校之间时，我们发现，有些孩子的思维和处事方法延续了家长的思维和处事方法。其实家长和孩子面对错误时都进行了选择，要么趋利避害，要么转嫁避险，要么升级矛盾，获得雷声大雨点小的处理结果。这种情况就是现在所谓的"不内耗",转嫁麻烦于他人。

二、究其根由:家家难念的经,开始转变成为难他人的经

(一)不同家庭对孩子的教育不同,目前有些家庭推崇"狼性教育"

我所理解的"狼性教育"就是借鉴了狼的生存之道,推崇狼在自然环境中的优胜劣汰、适者生存的品格。现在有些家长在处理孩子之间的矛盾时主张"谁打你了,你就狠狠地打回去"。这样教导之后孩子很有可能成为极端的情绪不稳定者,习惯用反问句来表达强势的态度,例如,"那怎么啦?""我怎么啦?""我不就……""对不起,行了吧?"

(二)家长担心孩子吃亏,无意中成为孩子推卸责任的助推器

最近网上总是出现一位母亲教导自己的孩子如何

面对其他同学的欺负的视频，评论的人多数是家长，都是点赞、赞同，称视频中的妈妈有智慧。例如，一位同学说："你怎么偷我的橡皮？"视频中的妈妈教孩子不要陷入自证的陷阱里，应该把"我"换成"你"，质问对方："你怎么证明是我偷的？"当然这个事例比较极端，因为家长担心孩子吃亏，总是提出或预设不好的情况。如果以这样的思维方式长期教导孩子，那么当孩子犯了错误之后，会不会以这种方式来推卸责任呢？目前学校里存在着大量这样的情况：学生善于运用反问句为自己解决问题。

（三）面对孩子的问题，成人过多干涉，成为孩子推卸责任的助手

一次小 A 同学排队改错，看到队伍中排了五六个同学，便毫不犹豫地插到一个大个儿同学 B 的前面，B 同学十分生气，把 A 同学撞出了队伍，A 同学顿时委屈不已，哭着质问 B 同学为什么撞自己。B 同学说："谁让你插队了？"A 同学仍然不依不饶地哭喊着说："那你就可以撞我吗？撞我之前你跟我说'让我别插队'了吗？……"因为此事，老师找了 A 同学的爸爸,当A同学向爸爸叙述此事后,他的爸爸也问了同样的问题:"那个同学撞你之前告诉你了吗?"看来在处理事情时爸爸和孩子具有同样的思维。后来了解到,A同学的爸爸是一位律师,经常与孩子谈论工作中的细节,导致孩子在处理问题时会专门找利于自己的点来进行辩驳。其实从A同学与其他同学的相处也能看出其成人化的思维特点,但其处理方式并不是成熟的、理性的,而是演化为一种激变和诡辩。

三、修身在己不在人:念好自己的经,抓好自己的娃

人是环境的产物,人是习惯的产物,人是思维方式的产物。作为家长的我们要为孩子创造环境,培养习惯,形成敢于担当、负责的思维方式。

(一)父母在生活中要经常说"对不起",让孩子知道承认错误并不是那么可怕

父母们有时会害怕在孩子面前失去权威,但随着孩子逐渐长大,心智逐渐健全,眼界逐渐开阔,他不

再满足于父母的"一言堂",在实践摩擦中产生了矛盾和问题,而父母学会对孩子说"对不起",是一种对自己言行负责任的态度。说完"对不起",父母更要用积极的行动修正错误,让孩子知道承认错误不可怕,承担并尝试用行动修正更为重要。

(二)坦诚地交谈,才是心得以宽慰的正途

对于我们每个父母而言,孩子都是独一无二的,珍爱至极的,我们每一个父母都在自己的孩子身上倾注了时间、精力和心思,试图去理解他们,但是理解并不是一蹴而就的,需要时间、耐心和沟通,需要有意识地放慢脚步,倾听孩子的心声,而不仅仅是教导。当父母能放下自己的各种权衡而去关注孩子的需求时,父母就具备了足够强的共情能力和同理心,而孩子也就在这样的浸润中学会了换位思考、共情他人,不再自以为是,理所当然,才会承担起自己的责任,用语言表达善意,用行动诠释善良。

（三）积极的行动，才是面对错误、承担责任、解除心理压力的正解

小孩子的世界也充满了各种诱惑，以及各种促使他们放弃规则和原则的事物。他们有可能因为一个不可置信的眼神而产生了逃避的想法，有可能因为不愿接受即将来临的批评而选择了说谎，也有可能因不想面对麻烦的结果而推卸了责任。有诸多想法并不可耻，关键要看孩子的行迹：孩子会不会在挣扎之后认识到自己的错误，并愿意积极弥补，承担起责任。

一天下午课间，十多个孩子在走廊玩抓人游戏，导致暖气水管接头处出现裂缝。因为人多，无法分清主要责任人，法不责众，只能提出警告。但走廊地面很快积满水渍，两位工作人员接到报修后马上来维修。他们需要关闭四楼以上换气管，并放掉三楼所有连接的暖气管中的水后再进行维修，这样需要三四个小时。维修开始，一个师傅负责接水，一个师傅负责把水桶拎到厕所倒掉。看到眼前两个工人无奈的表情，我觉得孩子们不应该置身事外，应该负起责任。于是让他

们拿出班级的垃圾桶改成临时装水桶，两人一组负责倒水，还安排三人负责与保洁阿姨一起清扫地面上的积水。因为参与了维修的过程，他们才知道自己的无意之举给别人带来了怎样的麻烦和困难。负起责任，努力用自己的行动弥补过错，让他们不再是心安理得的"被服务者"，而是能够积极承担结果的人，也因此减轻了一些孩子的心理负担，改变了一些孩子"与我无关"的想法。

（四）乐做"旁观者"，不要事事参与，成年的道有些"深"

不要把成人化的思想和处事方法过早地传递给孩子，让孩子找到推卸责任的"窍门"并沾沾自喜，就像上文提到的小 A，他在处理与同学的矛盾时总是以质问，或者利用字眼达到避实就虚的目的，这样的思维方式一旦形成，孩子就无法成为一个有责任感的人。

四、中流砥柱：别在害怕和焦虑中丧失担当

中国政法大学刑事司法学院教授罗翔曾说："真正优秀的人，不是因为他变得比别人更强，而是能够看到世界上的美好。"希望我们所有的父母都能够教孩子学会担当，因为真正的爱是责任。

锦囊作者：李学亚

养成良好习惯　赋能成长之路

好习惯，益终身。对于家庭教育来说，好习惯是孩子成长的坚实基石，为他们的每一步前行提供力量和方向。"少成若天性，习惯成自然"，小学阶段不仅是孩子知识探索的起点，更是性格塑造与习惯养成的关键时期。科学研究发现，孩子的学习效率、生活质量乃至未来的成就，都与他们从小培养的良好习惯有着密切联系。因此，家长们应当承担起这份责任，把握这一黄金时期，通过科学而有效的引导，帮助孩子逐步建立起一系列受益终身的好习惯。

在日常生活中我们不难发现，孩子们在学习、生活等方面的表现往往存在显著差异。有的孩子能够自觉完成作业，保持书桌整洁，而有的孩子则拖拉懒散，物品随处摆放。这些差异，很大程度上源于习惯的不同。好习惯使孩子在学习和生活中更加高效、有序，而不良习惯则成为他们成长的障碍，影响学习效率、人际关系甚至自我价值的实现。

那么，该如何引导孩子养成好习惯呢？

首先，我们需要了解习惯养成的深层机制。习惯，作为一种自动化的行为模式，是在长期重复中逐渐形成的。它深植于人的潜意识之中，无须过多思考即可自然流露。但习惯的形成并非一蹴而就的，而是一个循序渐进、由内而外的过程，涉及认知、情感、意志和行动四个层面的综合作用。认知层面，孩子需要明确习惯的重要性及具体要养成的习惯内容；情感层面，孩子需对习惯产生认同感和内在动力；意志层面，孩子需具备坚持和克服困难的毅力；行动层面，则是通过持续实践将习惯内化为自然行为。

为此，针对习惯养成的深层机制，我们可以采取"明习惯—思习惯—研习惯—强习惯"四部曲，帮助孩子有步骤、成系统地养成良好习惯。

明习惯：认知启蒙，明确目标

第一步是"明习惯"，即让孩子明确习惯的重要性及具体要养成的习惯内容。家长应以身作则，成为孩子的榜样，通过日常生活中的实例展示好习惯带来的正面影响。比如，可以讲述成功人士如何通过坚持某个习惯取得成功的故事，或是分享自己因好习惯而受益的经历。同时，与孩子共同制订习惯养成计划，明确目标，如"每天阅读半小时""自己整理书包"等。这些目标应具体、可行，让孩子对即将开始的习惯养成之旅有清晰的认知。

此外，家长还可以利用绘本、故事书等媒介，以生动有趣的方式向孩子介绍好习惯的重要性。通过图文并茂的讲解，让孩子在轻松愉快的氛围中接受并认同这些习惯的价值。

思习惯：情感共鸣，激发动力

第二步是"思习惯"，即引导孩子思考习惯背后的意义，激发其内在动力。家长可以通过提问的方式，如"你觉得按时完成作业有什么好处？""为什么我们要保持房间整洁？"等，鼓励孩子表达自己的看法。这不仅能增进孩子对习惯的理解，还能让他们从内心认同这些习惯的意义与价值。

同时，家长应利用情感共鸣的力量，让孩子感受到改变的必要性和紧迫性。比如，可以分享不良习惯导致的后果，如拖延作业导致成绩下滑、房间杂乱影响心情等。通过真实的案例或故事，让孩子深刻体会到好习惯的重要性，从而增强他们养成好习惯的意愿。

此外，家长还可以与孩子一起制定奖励机制，如完成一周的阅读计划后可以享受一次特别活动或得到一份小礼物。这种正向激励能够进一步激发孩子的动力，让他们更加积极地投入到习惯养成的过程中。

研习惯：意志锻炼，策略实施

第三步是"研习惯"，即研究并实施养成习惯的具体策略。这一阶段，家长需要与孩子一起探索适合个人的方法，确保习惯养成的有效性和可持续性。

小步快跑：将大目标分解为小任务，逐步完成。比如，如果孩子的目标是每天阅读半小时，那么可以先从每天阅读10分钟开始，逐渐增加阅读时间。这样既能避免孩子因目标过大而感到压力，又能让他们逐步适应并享受阅读的过程。

正向激励：设立奖励机制，如完成一周的阅读计划后可以享受一次特别活动或得到一份小礼物。这种奖励可以是物质的，也可以是精神的，如家长的表扬、鼓励等。通过正向激励，孩子能够感受到自己的进步和成就，从而更加积极地投入到习惯养成的过程中。

视觉化提醒：制作习惯追踪表或习惯打卡表，贴在显眼位置，每天记录完成情况。这样既能让孩子直观看到自己的进步，又能提醒他们坚持执行计划。视觉化提醒还能增强孩子的仪式感，让习惯养成变得更加有趣和有意义。

家庭共育：全家参与习惯养成的过程，如设立"家庭阅读时间"，让孩子感受到家庭的支持和陪伴。家庭共育不仅能够增进亲子关系，还能让习惯养成成为一种家庭文化，让孩子在潜移默化中受到熏陶和影响。

此外，家长还需教会孩子如何面对挑战和失败。

在习惯养成的过程中，孩子难免会遇到困难和挫折。家长应鼓励孩子勇敢面对挑战，教会他们如何调整心态、寻找解决问题的方法。同时，家长也要保持耐心和理解，不要因为短期的波动而过度焦虑或批评孩子。通过不断的鼓励和支持，孩子会逐渐培养出韧性和自我调整能力，确保习惯养成过程中的持续进步。

强习惯：行动固化，形成自动化

第四步是"强习惯"，即通过持续的实践，将习惯内化为孩子的自然行为。这一阶段的关键在于坚持和反馈。

持之以恒：家长应鼓励孩子坚持不懈地执行计划，即使遇到困难也不轻易放弃。可以通过定期回顾和总结的方式，让孩子看到自己的进步和成果，从而增强他们的信心和动力。

及时反馈：家长应密切关注孩子的习惯养成情况，及时给予反馈和指导。如果发现孩子在执行计划时出现问题或偏差，应及时与他们沟通并调整策略。同时，也要鼓励孩子自我反思和评估，让他们逐渐学会自我管理和自我调整。

适时调整：随着孩子的成长和变化，家长应适时调整习惯养成的策略和目标。比如，随着孩子阅读能力的提高，可以逐渐增加阅读难度和阅读量；随着孩子自我管理能力的增强，可以逐渐放手让他们自主安排时间和任务。

通过持续的实践和反馈，孩子会逐渐感受到习惯带来的正面变化，从而更加主动地坚持下去。最终，这些习惯将成为他们自然行为的一部分，无须过多思考即可自然流露。

在家庭教育的实践中，习惯养成不仅是一项任务，更是一门艺术与智慧。所谓"播种行为，收获习惯；播种习惯，收获性格；播种性格，收获命运"。习惯如同人生的指南针，悄然引领着孩子前行的方向。在小学这一人生的关键时期，作为家长，让我们用爱与智慧，为孩子铺设一条光明之路。相信在未来的日子里，这些好习惯将成为孩子最宝贵的财富，助力他们走向更加辉煌的人生。

锦囊作者：赵蕊

以自信之光　伴成长之路

当你看到一双原本黯淡无光的眼睛，开始闪烁着光芒，你会是什么样的心情呢？

一、黯淡开端：问题与根源剖析

我的班级里有一位小男孩，胆子很小却很调皮，他胆小到上学的路上看到一只小虫子都可能被吓哭。他学业表现不算突出，跳绳的动作也很不协调，别人一分钟能跳一百多个，他只能跳几个。在观察这个小男孩的过程中，我发现这个孩子眼神黯然无光。我深知要解决这些问题不能只看表面，而是要深入了解其心理和成长环境。对于胆小的问题，可能是以往经历中的某些惊吓没有得到妥善处理，导致他对外界的事物过度敏感；对于学习和体育方面的问题，除了能力欠缺以外，可能还因为自信心缺失，导致他在面对挑战时选择逃避。我决定寻找合适的时机帮他调整。

二、照亮之路：多维度助力成长

一天，体育老师打来电话说他藏起来找不到了，我急忙下楼在校园里四处寻找。我找到他时，他正一个人蹲在两面墙的夹缝里哭泣，外套没穿，丢在墙口处。我喊了他一声，他没有回应，我把外套捡起来，轻声说："老师知道你很难过，但你能先出来吗？里面不安全。"他看看我又看看墙缝，慢慢地走了出来。我把外套帮他穿好并轻声问他："你愿意跟张老师说一说，你为什么这么难过吗？"他的哭声突然大了，我深知此刻他最需要的是理解和支持，所以我尽量放轻动作，蹲下来与他平视，用温和且关切的语气和他交流。这种身体上和心理上的平等姿态，让他感受到了被尊重，从而放下防备，愿意向我倾诉委屈。这是与孩子建立良好沟通的第一步，也是后续帮助他的重要基础。经过沟通得知，他难过的原因是大家都嘲笑他跳绳跳得不好，我决定帮助他提高。

打铁还得趁热，说干就干，当天下午，我俩一起制订了一个闯关计划表：第一关，一周内先练好跳绳的正确姿势，并每天在操场跑两圈来提高体能。第二关，第二周一分钟跳绳突破个位数。第三关，一个月内争取一分钟跳50个。第四关，他自己提出一分钟跳绳突破100个。每突破一关，老师就满足他的一个合理要求，我俩击掌为誓，开启闯关之旅。

在制订闯关计划时，我充分考虑了孩子的当前水平和跳绳技能提升的规律。先从正确姿势入手，因为这是跳绳的关键，就像盖房子的基石。而体能训练则是为了保证他有足够的力量和耐力完成跳绳动作。每一关的奖励设置都是经过深思熟虑的，我知道他一直渴望和喜欢的同学坐在一起，也对乐高玩具充满兴趣，这些奖励不仅是物质上的满足，更是对他努力的认可，能够激发他朝着目标不断前进。

一个孩子的进步离不开同学的互帮互助。周一班会，我将主题设置为：跳绳，一个也不能掉队。这次主题班会是培养班级凝聚力的重要契机。我引导孩子们从集体荣誉感出发，强调我们是一个团队，每个人的进步都对班级有重要意义。通过鼓励孩子们畅所欲言，让他们明白帮助同学不仅是一种美德，更是班级共同进步的需要。这种积极向上的班级氛围能够为每一个孩子提供心理支持，尤其是像他这样需要帮助的孩子。

家校共育才能让教育事半功倍。我和家长一起分析了孩子对跳绳不感兴趣的原因，猜想可能是家长在督促过程中过于强调结果，让孩子感受到压力，从而产生抵触情绪。我建议家长改变督促方式，更多地关注孩子的努力过程，给予正面鼓励。同时，根据闯关计划，家长要和孩子一起制定每天的跳绳时间和小目标，让孩子在轻松的氛围中逐步提高。并且在孩子完成一关挑战后，家长要及时兑现奖励，增强孩子的成就感。

跳绳，体育老师最专业，要想有成效，专业指导少不了。我又向体育老师求助，体育老师根据孩子的特点，调整了教学方法，从最基本的动作分解到有针对性的训练建议，让孩子在跳绳技巧上有了很大的提升。而我和体育老师在一旁的加油打气也不容忽视，持续的鼓励让孩子在面对困难时保持积极的心态，每一次表扬都像是给他注入了一针"强心剂",让他相信自己的努力是有价值的,从而更有动力继续前进。

每当他在坚持不住想放弃的时候,在他身旁有同学、老师、家长这些坚强的后盾陪他一起渡过难关,迎难而上。跳绳换了4根,鞋子破了一双,哭鼻子无数次……阳光总在风雨后,一个学期即将过去,他通过努力已经实现了自己三个小愿望,坐在了自己喜欢的同学旁边,买到了喜欢的乐高玩具,并在我的允许下带到学校跟同学分享,孩子的自信心慢慢地回来了。

三、闪耀时刻:自信回归与教育启示

一天体育课后,他从操场奔跑而归,上气不接下气地说:"老师,我……我今天跳绳……112个。"我高兴地抱住了他,看着他的眼睛认真地说:"张老师为你感到骄傲!这一个学期里,老师看到你付出了比别人更多的努力。"他不好意思地笑了,眼睛里闪烁着激动、喜悦、骄傲的光芒。

这学期的最后一次大课间,我让他在全班同学面前展示一分钟跳绳,同学们帮他数数,"1、2……56、

57……109、110……121",他激动得躺在了草地上,笑着喊着哭着。全班同学情不自禁地鼓起掌来,掌声响彻在操场的上空、校园的角落,还有我们每一个人的心里。

  这个小男孩的成长历程让我深刻体会到,每一个孩子都是一颗独特的种子,都蕴含着无限的潜力。在教育的花园里,我们作为园丁,需要用心去观察、用爱去浇灌、用科学的方法去培育。无论是教师、家长还是其他教育参与者,都应关注孩子的内心世界,尊重他们的个性差异,为他们量身定制成长计划。只要我们不放弃,给予他们足够的时间和支持,每一个孩子都能绽放出属于自己的自信之光,照亮自己的人生之路,也为这个世界增添一份独特的光彩。

锦囊作者:张丽

以教育合力　促劳动教育

2020年3月20日,中共中央、国务院发布《关于全面加强新时代大中小学劳动教育的意见》指出,"劳动教育是中国特色社会主义教育制度的重要内容,直接决定社会主义建设者和接班人的劳动精神面貌、劳动价值取向和劳动技能水平"。家长是孩子的第一任老师,家庭是孩子成长的摇篮,因此劳动教育作为一项长期而系统的工程,需要家庭、学校和社会的共同努力。

一、劳动教育的内涵与价值

明确劳动教育和劳动素养的内涵以及在家庭中开展劳动教育的意义,有助于更好地指导家庭劳动教育的科学实施。

（一）劳动教育的内涵

劳动教育的具体内容随着时代的发展不断丰富和变化，本文中的劳动教育是指以促进学生形成劳动价值观、养成良好劳动素养为目的的教育活动[1]，旨在通过劳动教育，让学生在劳动实践和体验中形成对劳动的正确认识和态度，掌握基本的劳动能力，养成劳动习惯和品质，培育劳动精神，并通过多个途径、多种方式培养学生各方面的劳动素养。《义务教育劳动课程标准（2022年版）》[2]（以下简称《劳动课标》）指出，"学生的劳动素养包括劳动观念、劳动能力、劳动习惯和品质、劳动精神"。

（二）家庭劳动教育的价值

劳动对促进学生全面发展，实现学校教育的育人目标有着不可替代的重要作用。在家庭中开展劳动教育，也有其特殊的意义与价值。

---

[1] 檀传宝.劳动教育论要：现实畸变与起点回归[M].北京：北京师范大学出版社，2020.

[2] 中华人民共和国教育部.义务教育劳动课程标准（2022年版）[M].北京：北京师范大学出版社，2022.

1. 培养生活技能

自理能力是孩子未来独立生活的基础，小学阶段是孩子逐渐独立的时期。通过整理书包、整理自己的房间、穿衣洗漱等简单的劳动任务，孩子能够学会照顾自己和处理日常生活事务，这有助于他们在成长过程中逐渐独立，减少对他人的依赖，在离开父母的环境中也能更好地应对生活中的各种需求，从而在其进入学校和社会环境后，能更加自信和从容地应对各种挑战。

2. 塑造良好的品德

首先，分配给孩子适当的家庭劳动任务，可以让孩子意识到自己是家庭中的一员，有责任为家庭的整洁和舒适做出贡献，培养其责任感。这种责任感会延伸到他们的学习、工作和社会生活中。其次，参与家庭劳动让孩子收获劳动带来的成就感和满足感，亲身体验到劳动的辛苦和付出，从而更加珍惜他人的劳动成果。最后，家庭劳动教育还能够帮助孩子养成勤劳的习惯。勤劳的孩子在面对困难和挑战时，更有毅力和决心去克服，不会轻易放弃。这种品质将对他们的学习和未来的职业发展产生积极影响。

3.促进家庭关系的和谐

劳动是家庭生活的一部分,当孩子参与其中时,一方面,会更加深刻地理解家庭的意义,意识到每个家庭成员都有责任为家庭的幸福和舒适做出贡献,从而增强对家庭的归属感,这种家庭观念的形成对于孩子的心理健康和人际关系发展至关重要。另一方面,家长和孩子一起参与家务劳动,可以增加亲子之间的交流和互动,营造和谐的家庭氛围。

二、小学生家庭劳动教育的现状

教育需要形成合力,劳动教育同样如此,需要家庭、学校、社会三方的共同力量。就劳动教育而言,家庭应该是主阵地,但从当前家庭劳动教育的现状来看,还存在一定的现实问题。

(一)固有观念限制家庭劳动教育

一方面,部分家长认为孩子的主要任务是学习知识和提高成绩,而劳动会占用学习时间,因此不重视家庭劳动教育,忽视劳动对孩子综合素质发展的重要性。还有部分家长把劳动视为低层次的活动，没有认识到劳动可以培养孩子的责任感、独立性、创造力和解决问题的能力等。

另一方面，家长过度溺爱与包办，不舍得让孩子参与劳动，或者觉得孩子小做不好劳动反而会添乱，往往将所有家庭劳动包揽。这种过度保护使得孩子缺乏劳动锻炼的机会，难以养成劳动习惯。

（二）劳动教育内容单一且重复

在家庭劳动教育内容的选择上，大多数情况是学校给学生布置家庭劳动任务，由家长监督孩子完成，或者学校要求孩子进行家务劳动打卡。即使是家长引导孩子参与家庭劳动，也以居家的日常卫生打扫以及学生个人内务的整理居多，缺乏多样性和挑战性，难以激发孩子的劳动兴趣和积极性。同时，家庭劳动中更多的是体力劳动、实践性劳动，忽视了对学生脑力的开发、创造性的培养，缺乏与孩子年龄和能力相适应的创造性劳动项目。真正意义上的劳动内容包含"日常生活劳动""生产劳动""服务性劳动"三大任务群，当前家庭教育中形式单一、内容重复的劳动教育久而久之必然会引发学生的厌倦，因此，增强劳动教育内容的趣味性和丰富性是当下必须要关注和解决的问题。

（三）缺乏家庭劳动教育的指导和评价

家长在孩子进行劳动时，缺乏有效的指导。很多家长只是简单地给孩子布置任务，而没有给予具体的方法指导和安全注意事项提醒，导致孩子在劳动中效率低下或者出现安全问题。同时，对孩子的劳动成果缺乏及时的评价和鼓励。孩子完成劳动任务后，如果没有得到家长的肯定和表扬，会降低其对劳动的积极性和成就感。

三、家庭教育助力劳动教育的策略

如何用好家庭这样一个大课堂，从小培养孩子爱劳动、善劳动的好习惯，是值得家长们重视和思考的问题。家长要在正确认识劳动价值的基础上，多在生活中创造让孩子自己动手的环境和机会，为孩子的终身发展打好基础。

(一)重视家庭劳动价值,树立积极的劳动教育观念

家长首先要认识到家庭劳动对孩子成长的重要性,摒弃过度包办、"万般皆下品,惟有读书高"等老思想。要明白家庭劳动是一种家庭教育方式,孩子需要通过劳动来提升关键能力,培养孩子的责任感、自理能力和动手能力等诸多必备品质,这是他们成长过程中不可或缺的一部分。同时,用简单易懂的方式向孩子解释做家务的意义,打破传统的劳动就是简单的家务、沉重的体力活动的思想,要有创造性劳动的认识。当家长对劳动有了新的认知,在日常生活中也就能够更好地进行言行示范与影响。

(二)提供家庭劳动机会,选择丰富性和趣味性的劳动内容

在家庭中开展劳动教育,首先,需要家长关注孩子的劳动需求,能够依据不同年龄段、不同时间、不同地点选取合适且符合孩子身心发展需要的劳动内容。

其次,能够依据《劳动课标》提出的任务群和具

体的劳动项目,总结梳理出低中高年级小学生家庭劳动任务清单。比如:对于低年级孩子的家庭劳动任务集中于自我照顾类、简单清洁类和协助类,如能够独立收拾书包书桌、穿衣洗漱、收纳玩具、擦桌子、摆放碗筷等;中高年级的学生可以承担更复杂的家务,可以加入简单烹饪、社区志愿服务等更具有创造性的劳动任务。

再次,在制定家务劳动清单时,要注意根据孩子的个体差异进行适当调整,可以考虑孩子的兴趣爱好,有侧重地安排劳动任务,提高孩子参与家庭劳动的积极性。如果孩子对烹饪感兴趣,可以多安排一些与厨房相关的家务;如果孩子喜欢整理,可以让他们负责整理书架、衣柜等。

最后,还可以增加劳动的趣味性。比如,周末组织家庭劳动大赛,发动家庭成员发挥各类劳动技能进行比拼与合作,使劳动不仅仅是父母或者孩子一方的任务,而是可以辐射整个家庭,在家庭中形成劳动的氛围。

(三)注重示范与奖励,建立有效的评价机制

家长是孩子的第一任老师,要给孩子讲好"人生

第一课"。家长的示范非常重要，家长的一言一行都会影响到孩子，因此，一方面，家长在家要积极参与劳动，发扬吃苦耐劳的精神，给孩子做出表率。另一方面，家长要注重步骤示范，在孩子开始一项新的家务劳动时，要详细地示范操作步骤，让孩子清楚地看到每个环节。在孩子劳动过程中，家长的过程性指导也十分重要，及时纠正错误动作或方法，同时要注意语气，不要批评指责，而是温和地提醒。

对于孩子的劳动成果，要以鼓励和表扬为主。家长应该看到孩子在劳动过程中的努力，理解、重视孩子亲身参与劳动的过程。对孩子的劳动成果，家长更应满足其被认可、被接受、被赞扬的需要。比如，可以把孩子整理好的书桌拍照，发给家里的其他亲属，展示孩子的劳动成果。即使孩子由于能力不足，没能达到预期的效果，家长也要充分肯定孩子的努力，具体告诉孩子哪些做得很好，如何才能做得更好。

劳动习惯和品质绝不是一朝一夕可以形成的，是一个长期坚持的过程。因此，依据"21天习惯养成法则"，家长可以和孩子共同讨论，制定一个家务时间表，规定每天或每周固定的家务时间，列出劳动清单，明确家长和孩子各自应做的事情，一同体验劳动的过程。还可以将劳动融入孩子的日常作息中，比如，早上起床后自己整理床铺，晚上睡觉前把衣服叠好放好，久而久之，孩子就会自觉地完成这些劳动任务。同时，家长要帮助孩子处理好学习、娱乐与劳动之间的时间分配，让孩子轻松享受劳动带来的快乐而不是负担。

总之，家庭劳动教育对小学生的成长至关重要。家长应充分认识到家庭劳动教育的价值，转变观念，积极为孩子创造劳动机会，注重示范与奖励，让家庭成为劳动教育的重要阵地。通过家庭劳动教育，培养孩子的生活技能、良好品德，促进家庭关系和谐，为孩子的未来发展奠定坚实的基础，让他在劳动中收获成长与幸福。

锦囊作者：王宁英子

特殊儿童融入群体
家校协同助力成长

一、前言

阿斯伯格综合征（Asperger Syndrome，AS）是一种以社会交往困难、局限且异常的兴趣行为模式为主要特征的神经系统发育障碍性疾病。主要临床表现包括：(1) 社会交往损害；(2) 语言交流困难；(3) 局限的、重复的、固定模式的行为、兴趣和活动；(4) 运动笨拙。AS儿童在学校通常表现为语言落后，学习跟不上，不听老师管教，不能与同学相处、玩耍。学龄期AS儿童的行为规范改善、学习习惯养成，特别是社交技能的发展对于其今后的学习和生活至关重要。

本案例讲述班主任如何对一例阿斯伯格综合征儿童进行心理及行为模式辅导，帮助其逐渐从孤立走向群体。

二、案例简介

恒恒是一位四年级的男生，他的成绩一般，但是在计算机方面有着惊人的天分，小小年纪的他已经在学习 C 语言了，对于计算机各种程序的了解甚至比成年人还多，他常常会将与同龄儿童的交往过程用计算机术语来描述。例如，课间休息时，他抱着操场旁的大树发呆。当他看到小华从操场后面跑到操场前面时，他说："张老师，您看，怎么有两个小华，他复制到操场前面去了。"他使用的是"复制"这个计算机语言。这样的他与同龄人相比，似乎少了几分童真童趣，同时也容易被群体孤立。

也有时，他会为了找一块掉到地上的橡皮而爬来爬去，穿过同学们的座位去找，当老师提醒他时，他依旧沉浸在自己的小世界里，执拗地寻找着橡皮。这些类似行为，不仅影响自己学习，也影响其他同学专心听讲。针对恒恒的问题，我和家长沟通后，在教育过程中采用了多种教育教学方法，以求改善其状况。

三、AS儿童心理及行为模式辅导

（一）以画为媒：融合性团体箱庭教育开启心灵之窗

在对恒恒的教育过程中，我对箱庭疗法进行延伸，使用绘画和对绘画的描述来打开他的内心世界。这样更有助于他在学校和家中不受限制地开展此类教育活动。

我分四个阶段对恒恒进行心理教育。初始阶段：班主任、AS儿童和非AS儿童进行分组，由老师介绍融合性团体箱庭教育的规则；作品创作阶段：老师指导儿童画人物、树木、房屋等，但并不干涉、陪伴儿童创作作品；作品分享阶段：老师与儿童探索作品的主题和故事情节，儿童依次分享作品和绘制箱庭的体验，并说出自己是否在作品中、所在位置，以及对绘画中的哪种物品最感兴趣；结束与作品保存阶段：对作品进行拍照存档，为今后儿童发生的改变作对照。

绘画心理分析是让绘画者通过绘画的创作过程，利用非言语工具，将潜意识内压抑的感情与冲突呈现出来，并把这些情绪、感受用线条和色彩表现在图画中，这时画就具有了某种象征意义。在家长的同意下，我对恒恒做了绘画测验及调查。通过测验发现，恒恒第一次画的人没有耳朵、鼻子，这表现出他不善于倾听、人际关系适应不良等情况。针对这一问题，我重点开展绘画中人物的描绘，在本组非 AS 儿童的介绍和交流引导下，恒恒的人物画逐渐有了五官。恒恒也从最初不愿分享画作内容，变得愿意主动分享。绘画作为一种特殊的语言，可以解读学生的心灵密码，透析深度困扰学生的症结，从而找出矫治的方法对症下药，促进学生身心健康发展。

（二）运动之力：肢体运动助力个体放松

很多研究表明，阿斯伯格综合征儿童体内能够缓解不安的 5- 羟色胺不足。当个体处于温和的人与自然环境中进行运动时，5- 羟色胺会被释放出来。而其一旦被适度释放，个体就会产生安全感和幸福感，消除与人交往时的不安，使个体在轻松、愉快、舒适、安全的氛围中开始学习。

因此我鼓励恒恒积极开展体育运动，特别是积极参与到球类等团体项目中。例如，学校组织的体育节和足球节，我鼓励恒恒积极参与其中，在团体运动中，我会为其安排重要的位置，并鼓励同学将球或机会多交给恒恒。通过此项行为辅导，改善了恒恒的肢体功能，有助于其内分泌调整，更重要的是促进了其群体性和社会交往性。

（三）融入之道：行为教育促进群体交往

有研究显示，AS 患者的家庭动力学特征为：家庭气氛方面，较正常儿童的家庭氛围沉闷；在疾病观念上，父母更倾向于认为自己是"完全的受害者"。这与本案例中的儿童家庭情况较为类似。

使 AS 患者融入群体，是减少其社会交往损害，以及改善语言交流困难的重要手段，为此，我通过小组合作的交流模式，对其行为习惯进行训练。同伴的长期陪伴是 AS 患者行为教育的重要一环，在班级里为恒恒寻找一个善解人意并善于沟通，具有开朗、乐观情绪的同学作为恒恒的同桌，可以在日常的学习中更好地帮助他，例如：帮他做好课前准备，提醒他下课要及时喝水，放学前嘱咐他要认真收拾书包等。

同时，我从他的兴趣方面入手，通过承担责任的方法使其更好地融入集体，改善其社会交往损害。例如：我让他负责管理教室的多媒体设备。此外，当学生需要上交电子版作品时，我让他去收集、打包。只要他做得好，哪怕是一点点的进步，我都会在全班大力地表扬他、夸奖他，帮助他消除自卑心理的同时，也让大家欣赏他的优点，接纳他的不同。

除此之外，在家里，恒恒的父母也模仿老师和同学的模式对恒恒进行行为辅导。同时，请父母共同观察、讨论孩子存在哪些影响学习、生活的问题，并逐个记录，供第二次心理讨论时使用。

四、成效与分析

在班主任、家长和恒恒的共同努力下，经过半个学期，恒恒取得了较大的改善。现在的恒恒每天清晨来校，会跑到我身边让我牵他的手，会笑眯眯地看着同学并跟他们聊天。各科老师都反映,"孩子简直像变了一个人似的",孩子课上随意下座位的情况减少,随意出教室的行为渐渐消失,课堂常规和课堂参与性都有了很大的提升。不仅如此,恒恒变得愿意参加集体活动,愿意和同学们一起做游戏,其他学生也乐意和恒恒互动,他多了5个好朋友,家长非常欣喜和感恩。

阿斯伯格综合征患者早干预、早治疗对其病情改善具有明显作用。我深知在成长的这条道路上,恒恒和我都还有很长的路要走。作为班主任,我们需要对此类儿童加以重视,并辅以科学的教育教学方法,这对于其未来初高中教育、学习习惯、人格养成,以及融入社会等都有着重要的意义。

锦囊作者:张晓雪

学会用心倾听　提高沟通效率

"小L，你听见了吗？我和你说话呢，你又想什么去了？"

"妈妈，我……"此时，您的话语，可能又从小L耳边飘过，留下正一脸不知所措地望着您的小L。

孩子步入小学后，无论是学习还是生活习惯上，每天获取到的信息繁多，并且都十分重要，倾听是孩子感知和理解语言的基础，因此，培养孩子良好的倾听习惯和能力十分重要。

您可能往往会想，这孩子，说多少遍了，怎么就是不好好听呢？此时，请您不要着急，我们先来看看孩子"不好好听"背后的秘密。

"不好好听"的秘密之——听不懂,没理解

可能您没有意识到,有时您对孩子发出的指令或和孩子沟通的语言,可能超出了孩子的理解能力范围,这也是孩子"不好好听"较为常见的原因之一。

低年级的孩子对于信息提取的能力较弱,若孩子无法理解您发出的指令,此时您可以简化指令内容,清晰、明确、简短的指令能帮助孩子有效提取语言信息并聚焦于关键要素。当指令冗长且包含大量信息时,孩子可能难以分辨指令的核心要求,从而无法迅速把握要点并采取行动。

当孩子对于您的指令有所回应时,无论行为对错,都应及时予以辅助和正强化,可适时询问孩子"有没有听懂?""在理解上有哪些困难?"并及时表扬孩子努力尝试理解他人的语言,为孩子打下一个愿听、愿做的好基础。

"不好好听"的秘密之——听不到,没注意

不知您是否留意,孩子在"不好好听"时,手头有没有正在做的事,或者有无对他吸引力较强的事物,若有,那么孩子很有可能没有注意到您的指令。心理学上有个名词——选择性注意,是指在外界诸多刺激中仅仅注意到某些刺激或刺激的某些方面,而忽略其他刺激。那些新鲜的、奇异的、不需要孩子付出太多努力的事物,往往更容易被孩子选择。

此时,请您一定注意,发指令前一定和孩子面对面,目光有接触。我们可以看到,"听"的繁体字"聽",由"耳""王""十""目""一"和"心"几个字构成,可见耳朵、眼睛、大脑在倾听中发挥着至关重要的作用。

因此,您可以用肢体接触或语言先将孩子注意力转移到您身上,并告知孩子当听到别人和自己说话时,应注视说话人,停下手中事,手脚莫乱动,竖起小耳朵,大脑积极想。前四点孩子可能较为容易做到,但

最后一点"大脑积极想",我们无法用孩子的外显行为来判断,但我们可以通过一些趣味小方法,不断提高孩子在倾听时的用心、用脑能力。

趣味活动一:不放过任何一个细节

在日常生活中,有些孩子在聆听一段话时,往往听完部分内容便失去了耐心,使得听到的内容既不全面也不细致,获取到的信息也就不够精确。您可以和孩子共同进行纠错游戏,您可以故意说一些含有错误信息的语句,例如,"戴上衣服穿着帽子,咱们准备出发了"。让孩子通过倾听,找出其中的错误。当孩子凭借倾听发现了错误并获得了成功,孩子便会深刻体会到倾听带来的益处,倾听技能也能够得到有效提升。

趣味活动二:把我的话讲给别人听

为更好地锻炼孩子的记忆力和倾听能力,可以和孩子一起玩传话游戏。您可以告知孩子一句话,这句话里包含两到三个信息,比如,"明天放学后,下午四点,回到家和妹妹、奶奶一起去公园,五点回家,回家的路上买一些西红柿"。让孩子将这句话传给妹妹和奶奶。

如果孩子正确转述，可以给予孩子一定的奖励，同时不断提升传话信息的难度，让孩子不断获得成就感。

也可通过让孩子复述的方式，确认孩子是否理解了您说的话，这样也可以较好地培养孩子的倾听能力。

趣味活动三：请你按我说的做

倾听信息是帮助孩子养成倾听好习惯的重要途径之一，除此之外，您也可以和孩子一起玩指令游戏。您给孩子发布一些指令，可以是让孩子做某一个动作，也可以是在日常生活中，让孩子完成一些简单的小活动，孩子在倾听指令并做出来的过程中，执行、反应能力得到了锻炼。

同时，您也应以身作则，通过自己的行为展示良好的倾听习惯，全神贯注听孩子讲话，不打断、不心不在焉。

"不好好听"的秘密之——听懂了，没执行

有时孩子明明听懂了，但并未按要求执行任务，

您可以向孩子询问原因，有可能孩子不会执行或不愿执行。若是前者，那么您应做好孩子的引路人和示范人，亲自告知、教导孩子，辅助孩子完成，让孩子体会到完成这项活动的乐趣，获得成就感，千万不可直接责怪孩子，避免给孩子造成打击。

若是后者，则应充分了解孩子抗拒的原因，再对症下药。若是孩子没有自信，那么您此时可以辅助孩子共同完成；若是孩子有畏难情绪，那么您此时应帮助孩子缓解，并给予孩子鼓励。在孩子完成相应的活动后，可以给孩子一定的奖励，进行正强化。

帮助孩子养成良好的倾听习惯，掌握倾听技巧、倾听方法，有利于孩子学会在倾听中学习。您也可以和孩子一起感受倾听带来的好处，帮助孩子建立更好的人际关系，让孩子不断意识到倾听的重要性。

锦囊作者：李帅静

从杂乱无章到井井有条

整理收纳不仅是有序生活必备的技能，也是培养良好的生活习惯和责任感，做事认真仔细、有始有终态度的重要途径，更是增强独立思考和生活能力以更好地适应未来生活的必然要求，从小培养整理收纳的好习惯对于个人成长和未来生活都具有深远影响。2022年秋季开学，劳动课正式成为中小学的一门独立课程，课程内容共设置十个任务群，"整理与收纳"即是日常生活劳动任务群之一。国家也从课程层面对培养少年儿童"整理与收纳"的生活技能提出了具体的要求。

然而，我们通过日常观察发现，小学生的整理收纳习惯亟待提高，经常能够听到家长吐槽孩子"都四五年级了，书包还总是乱糟糟，书房也下不去脚，啥都让大人帮着整理……"学生们没有意识到杂乱无章的环境对学习生活的影响,不知道如何分类存放自己的物品,也不清楚每个物品应该归置在何处。学生往往因为找不到东西而感到焦虑和沮丧,家长也会因此对孩子发火,影响了亲子关系。

针对上述现象,我们进行了调查了解,发现学生们对于整理收纳的忽视,一是家庭教育的缺失。家长因为工作繁忙而忽视了对孩子整理收纳习惯的培养;也有家长出于对孩子的宠爱,过度代劳,"包办"整理,导致学生缺少整理收纳的实践机会。二是关于整理收纳的劳动技能教育未形成家校合力。三是当前社会环境下,物质的丰富使得学生对物品的珍惜感降低,认为物品得来容易,缺少精心管理和维护的意识。还有一部分学生天生较为散漫,缺乏自我约束力,这使得他们在没有外部指导和约束的情况下,难以形成良好的整理收纳习惯。

为了解决以上问题,我们可以从以下三个层面出发,采取具体策略培养小学生整理收纳的好习惯。

一、正确认识整理收纳

意识是行动的基石。让学生明确整理收纳的含义，有意识归类整理自己的物品，是培养整理收纳习惯的第一步。家长可以通过和孩子讨论、对比、读绘本等方式让孩子了解整理收纳，意识到整理收纳的重要性，激发学生进行整理收纳的行动力。整理收纳涉及管理和组织个人物品、空间和环境的过程，其目的是提高效率、减少混乱、节省时间，并创造一个更加舒适和有序的生活与学习环境，包括分类、清理、存放、标识、维护等具体内容。良好的整理收纳习惯，不仅能让孩子们主动管理自己的物品和空间，还能在更广泛的层面上培养其责任感、自律性和解决问题的能力，这些都是他们成长为负责任和有能力的成年人所必需的。当孩子们深刻理解整理收纳的重要性时，他们更有可能将这种认识转化为实际行动，从而形成良好的习惯。

二、探究方法主动实践

家长是孩子的第一任老师,家长的态度和行为直接影响孩子的行为习惯。家长可以和孩子一起探讨有效整理收纳的方法,潜移默化地影响孩子,增强其主动整理的意识,培养其良好的收纳习惯。

(一)厘清分类再收纳

整理收纳的前提是厘清分类。家长可以和孩子一起划分学习生活的收纳空间,并用标签纸标明不同物品的摆放位置。鼓励孩子将要整理的物品取出,引导孩子思考眼前的物品哪些是不需要的,哪些是不喜欢的,哪些是不适合的,做好第一步"保留"与"弃用"的分类。再将保留的物品分门别类放好,如文具、玩具、书本、运动和休闲用品,同一类的物品可以按照大小、颜色等归类。每天晚上睡前提醒孩子按照第二天课表的顺序,借助收纳文件夹、铅笔盒等工具,做好书本、文具等的分类,做好书包的收纳整理。

(二)惜物也要"断舍离"

孩子们的各种物品堆积如山的一个很重要的原因是,没有及时将不能再用或者不喜欢的东西进行清理。家长决定物品的去留相对容易省事,但把决定的权利交还给孩子,启发孩子主动思考如何与物品相处,是更重要、更长远的教育考虑。孩子在自行选择去留物品时,深刻的思考,会让孩子更加珍惜物品,并在下次买入新东西的时候,认真思考这个东西的必要性。同时也能让孩子知道,对于不用的东西不只是简单地当成垃圾扔掉,还可以通过跳蚤市场、二手网络平台,或者分享、捐赠等方式最大化地发挥陈旧物品的价值。

(三)爱整理从"小"开始

一些家长觉得孩子动作慢或者学习任务重,不放心让孩子自主承担整理收纳的任务,不自觉地就进行了包办。殊不知恰恰是这些削弱了孩子的自信心,束缚了孩子的积极性。家长可以和孩子约定好,从整理好铅笔盒开始,从整理一块小小的空间开始,让孩子真实体会到整洁带来的好心情和成就感,帮助孩子成功迈出整理收纳的第一步。从小地方开始感受整理收纳的乐趣，积累微小的成功体验，能够极大地激发孩子的自信心和主动性。

三、评价激励养成习惯

在家庭教育中，可以通过积极评价促进孩子养成整理收纳的好习惯。家长可以和孩子一起商定具体的整理收纳目标，如每天晚饭后将玩具分类放回各自的收纳盒中。每当孩子完成这项任务，家长可以用语言或动作给予即时的正面反馈。如"你今天主动把玩具收拾得整整齐齐，不仅对自己的玩具负责，保证了客厅的空间，还方便了家人活动，真棒！"家长和孩子还可以一起设定一个奖励系统，比如，孩子如果连续一周都能做到这一点，就可以获得额外的阅读时间或者小贴纸作为奖励。此外，家长还可以采取游戏化的方式，比如和孩子比赛在规定时间内谁能更快地整理好自己的房间，增加整理收纳的趣味性。通过这些具体实例和激励措施，孩子不仅能学会整理收纳，还能从中获得成就感和乐趣，从而逐渐形成良好的习惯。

培养孩子整理收纳好习惯是一个长期而系统的过程，需要时间去营造良好的家庭和学校环境，也需要个性化的指导和正面、即时的激励和反馈。在孩子整理收纳习惯的培养中，我们通过激发孩子的兴趣和参与感，让他主动学习和实践，从而更有效地培养了其整理收纳习惯。这个过程不仅是技能的传授，更是对孩子责任感、自我管理能力和生活态度的培养。正如教育家杜威所说："教育是生活的过程，而不是将来生活的准备。"通过整理收纳习惯的培养，我们正在为孩子们的未来生活打下坚实的基础。

锦囊作者：张清玉

心理健康

心若向阳,影自成诗——每个灵魂都该拥有不完美的权利

从拳头到友谊　从焦虑到自信

一、案例背景

在春天的柔光里,万物复苏,生机盎然。我站在小学的校园里,看着孩子们欢快的身影,心中涌起一股暖流。春天,是希望的季节,是生命的季节,也是教育的季节。

在这个美丽的春天,我怀着忐忑的心情迎来了一群活泼的小学生,他们小小的个子,眨着懵懂的大眼睛望着我,我的心都要被萌化了,从"天地人 aoe"开始,我们一起学习一起成长。一次,我带孩子们活动回来,同事笑着对我说:"魏老师,你真像个操心的鸡妈妈带着一群小鸡崽儿出门。"可不是嘛,我的37

个小宝宝还小，在他们羽翼丰满之前，我要多替他们遮风挡雨。

可是在我的小宝宝们中有一只特别的小"鸡娃"——小震，一个虎头虎脑的小男孩。他的眼睛大而明亮，却时常闪烁着焦虑和不解。有一次课间休息，他与同桌因为一点小事发生了口角。情绪激动之下，小震一拳挥向同桌，力度之大，让同桌瞬间鼻血直流，痛哭不止。这一幕震惊了在场的所有同学，也让大家对小震的暴力行为感到害怕。从此，"拳头小霸王"的称号在校园里传开，成了小震的代名词。家长们得知此事后，纷纷私下联系我，担心自己的孩子也会受到伤害，请求让小震远离自己的孩子。

我注意到，每当小震的情绪失控时，他的小脸会涨得通红，拳头紧握，仿佛下一秒就要挥舞出去。他的眼神中充满了急躁和不安，那种焦虑的情绪，就像是一股无形的暴风雨，随时准备席卷和谐的教室。看着这个小家伙，看到同学们有意疏远他，我心中不禁涌起一股责任感——我要帮助他，帮助他解开内心的结，帮助他把拳头放下，将他的焦虑转化为自信和友谊。

二、追根溯源

为了深入了解小震行为背后的问题，我决定追溯其根源，从而找到解决问题的钥匙。通过与小震父母的深入交流，我发现了几个关键因素：

（1）家庭教育的影响——小震的父亲是警察，他的职业特性使得他在家庭教育中采取了较为严格的方式。小震在家庭中承受了较大的压力，父亲的严厉批评和过高期望让小震在遇到挫折时容易情绪失控。

（2）情绪表达的缺失——在家中的压力环境下，小震没有学会正确的情绪表达方式。他的愤怒和焦虑往往通过拳头宣泄，而不是通过沟通和表达来解决。

（3）自我认同的迷茫——小震在学业和人际交往中遇到困难，导致他对自己产生了怀疑，缺乏自信。他的行为，实际上是对自我价值和认同的一种迷茫表现。

（4）安全感的缺失——小震的行为也反映了他对周围环境的恐惧和不安全感，因此采取了攻击性行为来保护自己。

三、具体策略

（一）跨越心门的探访——家访深入沟通

在这个春意盎然的季节，我决定踏上一场心与心的旅程——家访。我敲开了小震家的门，迎接我的是他父亲温暖的微笑。我与小震的父亲深入沟通，我细致地分享了小震在学校的表现，同时也倾听了他父亲对小震的深切期望——他希望小震能成为一个坚韧不拔、善良正直的人，能够在学业上有所成就。所以他对小震要求过分严格，导致孩子压力太大。他也逐渐认识到了自己教育方式的错误，承诺不再打骂训斥孩子。小震父亲教育方式的改变，如同种子播撒在春天的大地，预示着丰收即将到来。

（二）兴趣点亮自信的火花——实施个性化关怀

在教室的喧嚣中，我注意到了小震的独特之处。他不像其他孩子那样在课间追逐打闹，而是静静地坐在自己的座位上,用彩笔在纸上勾勒出一个个生动的世界。这是我发现小震兴趣的开始——他对绘画有着与生俱来的热情。

我精心挑选了他的几幅得意之作,将它们装裱在精美的画框中,郑重其事地张贴在班级门外的宣传栏上。那天,阳光透过树叶的缝隙,斑驳地洒在画作上,仿佛为它们增添了一抹金色的光辉。小震站在宣传栏前,看着同学们纷纷驻足,脸上流露出惊喜和赞赏的表情,他的眼睛里慢慢积聚起了自豪的光芒。那些作品,此刻成了他自信的源泉,他的背脊渐渐挺直,笑容也在他的脸上绽放,一点一点地照亮了他的世界。

(三)引导情绪的航向——情绪管理教育

在成长的道路上,挫折和失败是不可避免的。面对这些风浪,我成了小震心灵的导航灯。每当看到他因遭受挫折而皱起眉头,我便会轻轻地走到他身边,用温和而坚定的语气告诉他:"失败不是终点,而是另一个开始。"我教他如何在情绪的海洋中找到平静的岛屿,如何将愤怒和失望转化为成长的动力。在办公室的一角，我为他准备了一个"冷静角"，那里有柔软的坐垫，有清新的绿植，还有一本本关于情绪管理的书籍。每当小震感到愤怒时，他便会来到这里，深呼吸，闭上眼睛，让情绪的风暴慢慢平息。这个过程，不仅是他学会管理情绪的过程，也是他自我成长和认知提升的过程。

（四）构建安全的意识——自我安全教育的觉醒

在那个悠闲的周六下午，阳光懒洋洋地洒在街道上，一切都显得那么宁静。然而，这份宁静被一通急促的电话铃声打破。电话那头，小震的妈妈声音颤抖，带着哭腔告诉我，小震不见了。我的心猛地一沉，立刻意识到情况的严重性。

我迅速安抚小震的妈妈，告诉她不要慌张，我们一起想办法。挂断电话后，我立即动身，前往小震的家，与他的父母会合。小震的父亲，那位平时冷静的警察，此刻也显得焦虑不安，他的眼神中透露出对孩子的担忧。

我们一起走出家门，开始在小区附近寻找。我负责向邻居和路人询问,小震的父亲仔细检查每一处可能藏身的地方,小震的妈妈则拿着手机,不停地拨打儿子的电话,希望能听到那熟悉的声音。

我们的步伐越来越快,心中只有一个念头:找到小震,确保他的安全。随着时间的流逝,我们的心情愈发沉重,每一条街道的搜寻都显得无比漫长。就在我们几乎要绝望的时候,我终于接到了一个同学家长的电话,说小震和他们家的孩子在一起玩耍。

我们立刻赶往那个同学家,看到小震安然无恙,我们的心中充满了释然和喜悦。小震的妈妈紧紧抱住他,泪水在眼眶中打转。小震也意识到了自己的错误,默默地低着头。

这次事件之后,小震的父亲在班级进行了一次安全教育讲座。他以一位父亲的身份用自己的专业知识向孩子们传授保护自己、避免危险的经验。小震坐在教室里认真地听着,他从父亲的话语中感受到了深深的爱和责任。

小震的改变是显而易见的。他开始更加注意自己的行为,不再随意离家,也会主动学习安全知识。他的成长让我们深感欣慰，也让我们更加坚定了教育的重要性。从小震的失踪，到我们焦急的寻找，再到父亲的教育，这是一段关于家庭、教育和成长的深刻记忆。

四、时光的印记，成长的芬芳——"璀璨绽放"的收获

"十年树木，百年树人。"这句古老的谚语在三年级开学的那个清晨得到了生动的印证。小震紧紧拉着我的手，眼神坚定而明亮，他告诉我，他再也不会偷偷离开家了，出去玩一定会征得父母同意。随着年龄的增长，小震的心理状态发生了显著变化，他与同学的关系越来越好，上课发言积极踊跃，写作业字迹越来越工整、越来越漂亮。看着小震的这些变化，我深感欣慰。那一刻，我看到了时间在他身上留下的印记，那是成长的芬芳，是教育收获的甘甜。

"从拳头到友谊，从焦虑到自信。"——这是小震的成长蜕变之旅，也是我们教育者心中的宝贵收获。

看着他一步步走出焦虑，拥抱友谊，我们深刻体会到了教育的力量，以及作为教育者所能收获的最宝贵的财富——见证一个生命的成长与蜕变。

锦囊作者：魏金平

手握关爱智慧秘钥
开启学生情绪之门

在孩子心灵的神秘花园里，情绪如多变的天气，时而阳光明媚，时而狂风骤雨。小学生们正处于身心快速发展的关键时期，情绪的复杂性与多变性尤为突出。那看似无端的喜乐与哀愁，不仅影响着他们当下的行为表现，更深深镌刻着未来性格与心理的轮廓。

这些孩子的情绪控制与管理问题，犹如一道复杂的谜题，摆在家长们的面前。家长们忧心忡忡，在意孩子在学校或社交场合中因情绪失控而遭遇困境，被同学疏远或误解；担心情绪波动影响学业，注意力不集中致使成绩下滑；忧愁孩子未来性格塑造，害怕频繁失控使其形成暴躁、孤僻等不良性格特质；更顾虑情绪问题演变成心理隐患，影响孩子身心健康与长期发展。家长因自身缺乏有效的引导方法，常陷入焦虑与无奈。作为陪伴孩子成长的引路人，我们需要正视情绪，用爱与智慧逐步破译情绪密码，引领孩子走向情绪稳定与健康成长的道路。

一、深入探寻，找准症结

当面对情绪多变、倔强固执的孩子，家长首先要做的是深入探寻其情绪背后的真正原因。这需要家长们拥有极大的耐心与敏锐的洞察力。比如，当孩子因为作业遇到困难而大发雷霆时，不要被孩子表面的愤怒所迷惑。我们可以静下心来，回顾孩子近期在学校的表现，是否学习难度增加，自信心受挫？还是学习遇到困难，受到了老师的批评？又或是与同学之间发生了一些不愉快的小摩擦？

同时，观察孩子的日常行为细节也是关键。他们在课余时间的兴趣爱好是否发生了改变？原本喜欢阅读的孩子，是否突然对阅读失去了兴趣？这些看似微小的变化，都可能是孩子情绪问题的导火索。家长还可以和孩子一起制作一个情绪记录卡，让孩子每天记录下当天发生的事情以及自己的情绪变化。记录一段时间后，家长和孩子可以一起回顾，从中发现情绪波动的规律与潜在原因。只有精准地找到症结，才能为后续的引导工作奠定坚实的基础。

二、对症下药，给予尊重

在明确了孩子情绪问题的根源后，接下来便是对症下药，此时给予孩子充分的尊重尤为重要。对于性格倔强的孩子来说，他们往往有着强烈的自我意识。如果是学习压力导致的情绪问题，则不宜过度强调成绩的重要性，应当和孩子平等地坐下来，共同探讨学习上的困难，家长扮演辅助者与引导者的角色。如孩子在数学的复杂应用题上倍感吃力，家长可协助孩子收集相关题型资料，梳理知识点间的关联逻辑，助力孩子自主规划攻克难题的学习路径；如孩子在语文阅读理解方面存在短板，家长可以和孩子一起整理不同文体的阅读技巧，分析错题原因，让孩子依据自身情况制订提升阅读能力的计划；再如面对孩子英语口语表达不够流利的状况，家长可鼓励孩子自行设定练习频率与目标,并在一旁适时给予方法上的指导,如纠正发音、拓展日常用语词汇量等。通过这样的方式,充分激发孩子的自主性与积极性,为化解情绪问题筑牢根基。

在生活中,尊重孩子的兴趣爱好和想法更是不可或缺。即使孩子的想法在家长看来有些幼稚或者不切实际,也不要轻易否定。比如孩子想要尝试自己种植一片小花园,家长可以鼓励他去学习植物种植的知识,带他去购买种子、花苗和工具,并且在孩子遇到诸如浇水过多或过少、除虫等困难时及时给予帮助。当孩子感受到自己被尊重时,他内心的抵触情绪会逐渐减少,从而更愿意接受家长的引导和建议。

三、家校共育,初现转变

家长与学校是孩子成长道路上的两大重要支柱,对于需要提升情绪管理能力的孩子,家校共育至关重要。家长可以与班主任以及各科老师保持密切的沟通,定期向老师反馈孩子在家中的情绪表现和行为变化,同时了解孩子在学校的学习、社交等情况。例如,家长可以和老师共同制定一个针对孩子情绪管理的个性化方案。老师在学校里可以通过课堂互动、小组合作等方式，引导孩子学会倾听他人的意见，提高人际交往能力，从而减少因人际关系引发的情绪问题。而家长在家里则可以组织一些家庭活动，如家庭会议、亲子游戏等，让孩子在轻松愉快的氛围中学会表达自己的情绪和想法，并且锻炼他的情绪控制能力。

孩子情绪管理能力的提升是一个渐进的过程，需要家校双方持之以恒地给予关爱、支持与正确的引导。家长要始终保持积极乐观的心态，即使在共育过程中遇到一些困难和挫折，比如孩子短期内情绪管理能力提升不明显，或者出现反复的情况，家长也不应气馁，要持续与学校配合，调整教育策略，为孩子营造更加有利的成长环境。如同精心培育一棵幼苗，在耐心与坚持中等待它茁壮成长，绽放出健康、积极的美丽花朵。

四、功在平时，静待花开

情绪管理教育绝非一朝一夕之功，它需要家长们在日常生活中持之以恒地付出努力。在平时的家庭生活中，有许多小细节都可以成为培养孩子情绪管理能力的契机。比如在每天的晚餐时间，大家可以围坐在一起，分享当天的开心事与烦心事。这不仅能增进亲子关系，还能让孩子学会在交流中表达和调节自己的情绪。当孩子讲述自己遇到的不愉快时，家长可以引导他们从不同的角度去看待问题，寻找解决问题的方法。

同时，家长要注重自身的情绪管理示范作用。在面对生活中的压力和挫折时，以积极乐观的态度去应对，避免在孩子面前抱怨或者发脾气。家庭氛围的营造也至关重要，一个充满爱与包容的家庭环境，就像肥沃的土壤，能够滋养孩子的心灵，让他们在潜移默化中学会如何正确地对待自己的情绪。

总之，面对这些能量巨大，有万千情绪变化的孩子，家长们需要付出更多的爱与耐心，运用智慧去探寻、去引导、去陪伴。只要我们坚守初心，功在平时，终将见证孩子似繁花盛放，于情绪天地展露最灿烂、纯真的笑颜，拥抱锦绣前程。

锦囊作者：谢青晴

失败里抖擞精神　逆风中找寻力量

丁丁是小学二年级的一名学生，他做事拖沓，遇到事情，他首先想到的不是自己想办法解决问题，而是等待他人的帮助，好像自己是个局外之人；回到家还没开始写作业，只是打开本子，畏难情绪就来了：玩玩橡皮、摆弄摆弄尺子，就是不肯静下心思考动笔，需要哄着才肯写作业。最终以陪在一旁的家长失去耐心连骂带吼收场，每天完成作业的过程搞得全家都很痛苦。

拖延、逃避挑战、回避冲突等行为的产生实际上是孩子的畏难情绪在作怪。这种情绪让孩子在面对挑战或复杂任务时退缩不前或根本不愿意面对，于是便出现了作业写不下去、无法独立完成的现象。针对以上现象做一个剖析：

首先，生活上，孩子自主解决问题的能力较弱，体现出他对"自己的事情自己做"的意识不足，这和平日里家人包办代替、保护过度有关。过度代劳和保护的养育方式让孩子感到沮丧和气馁，使其缺乏自信，当面对失败的时候，孩子第一步否定的是自我价值，没有人告诉他失败其实只是因为没有经验、训练不够。

其次，家长没有给孩子留下自我调整、成长的空间。不错眼珠的紧盯伴随着吼骂、指责、唠叨，负面的语言带给孩子负面情绪的同时也给他贴上了负面的标签。长期身处充满恐惧的负面评价之中，孩子会将完成作业这件事与负面情绪建立联结，从而导致每次写作业都会激发负面情绪，作业拖沓、畏难就形成了。

最后，一些孩子抗挫能力薄弱、意志品质不够顽强，遇到事情内心不够强大，不足以支持他克服困难继续"走下去"，这也是产生畏难情绪的原因。

根据以上问题，我为大家提供一些培养策略。

一、把体验权还给孩子，让他们经历失败

生活中有成功也会有失败，而过度代劳和保护的养育方式却剥夺了孩子感知生活真实模样的权利。想一想幼儿时期的他们，是不是也是什么都想亲自尝试？自己吃饭、自己拉衣服的拉链，甚至到厨房热心地帮妈妈洗碗……可是在这个过程中，我们为数不少的家长却因为担心他们弄脏了餐桌和衣服坚持把饭喂到他们的口中；觉得让他们拉拉链会耗费太长的时间不如亲自上手一下搞定；害怕他们打碎饭碗或把厨房弄得一片狼藉而拒绝他们的参与……家长的一贯包办不仅让孩子成为养尊处优的小公主、小少爷，更只给了他们成功的体验。一旦他们独自遭遇困难，就会觉得不可思议，下意识想要逃避，以躲开困难所带来的不适感，这就是"退缩""畏难""怕累"的根源所在。所以，平时家长要让孩子经受一些挫折、解决一些困难、面对一些不如意。

二、和孩子一起面对，引导孩子学会克服困难

面对困难，我们会本能地表现出不安、焦虑甚至失望、沮丧，而战胜困难更多时候依靠的是信心。"我做不到"这种心理一旦出现，小小的作业瞬间就能变成孩子面前一座难以跨越的大山。此时，我们可以给予孩子一些启发，或者是简单的帮助，让他们体验阶段性小成功带来的自信。当孩子看到通过自己的努力完成了一件曾经看来很了不得的事情时，自信心自然会增强，意志力也会在这个过程中得到一定的锻炼。要让一次次成功的体验成为激励孩子克服困难的动力。

三、停止责骂，用正面的话语表达内心的期待

负面的情绪是巨大的伤害，责骂和无休止的催促不仅不利于习惯的培养，还会让事情走向反面。因为这些负面的评价在一次次的重复中变成了孩子身上的

标签，让他们觉得自己就是磨蹭的、懒惰的、不努力的。使用负面的评价否定不如用积极的语言去调动他们，必须要强调的一点是，在这个过程中，家长的坚持和态度很重要。坚持的态度不应简单粗暴，而体现在陪伴过程中的期许、共情、耐心、支持和鼓励，如果能为这个过程再增加一点趣味性就更好了。

四、创造更多条件，让孩子的意志品质得到磨炼

抗挫能力、忍耐力、学习力都和意志力相关，意志力的培养不是靠智力而是靠体力培养出来的。爬山、徒步、跑步、球类等运动都是磨炼意志力行之有效的途径。平日里家长不仅可以多给孩子分配一些力所能及的任务，让孩子尽量自己完成；还可以分配一些稍稍超出他们能力范围的任务，鼓励孩子多努力，让孩子看到自己所具备的潜力，培养孩子靠自己的能力解决问题的习惯。交谈中也要时常提醒孩子不要一遇到困难，一遇到不会做的题目就放弃，而要勇于尝试、努力坚持。

帮助孩子克服畏难情绪需要时间、耐心以及不断的努力,"每个人都有自己的节奏,不要拿别人的成就来衡量自己的进度"。而我想说:"每个孩子都有自己成长的节奏,不要拿别的孩子的成绩作为衡量自己孩子的标准。"家长朋友们,当您开始理解并接受孩子的畏难情绪,您便已经迈出了战胜它的第一步。

锦囊作者:尚炜

"脱敏"孩子的"玻璃心"
"重塑"坚韧的"心理盾"

作为老师，我经常收到一位同学妈妈火急火燎的电话，因为作业的一处错误，孩子火冒三丈、生闷气不吃饭；课上被老师提醒注意力不集中，回家趴在床上吧嗒吧嗒掉眼泪；接力赛掉棒了，第二天便不想上学，不敢面对同学和老师；测验成绩若是不理想，那必定是大闹一场。妈妈因此很困惑，被孩子折腾得心力交瘁。家里人都是大大咧咧的性格，孩子怎么会如此敏感？是不是孩子长大后自然而然就好了？是不是我们对她的关注还不够？

现在像这种"输不起""只能接受表扬，无法容忍批评""遇到困难不敢面对"的"玻璃心"孩子越来越多，这些孩子的内心非常脆弱，遇到一点儿小挫折就容易"破碎",陷入消极情绪,缺乏自信和安全感。要想给"玻璃心"的孩子注入"强心剂",让"玻璃心"更有弹性,爸爸妈妈需要了解、正视、重塑孩子的"玻璃心"。

一、了解孩子的"玻璃心"

(一)天性使然

有一部分孩子的"玻璃心"是天性使然,属于天生的"高敏感儿童",天生比一般人更关注周围的环境,思虑过多,多愁善感,能够留意到大多数人忽略的细微之处,容易反应过度。开朗乐观的父母可能会生出极度脆弱的孩子,内向敏感的父母也会生出"乐观派"。

(二)过度赏识

过度赏识如同过度施肥,看似能促进孩子的成长,实则会让孩子陷入一种不切实际的自我认知中。在这种只有鼓励、认可和表扬的家庭环境中,孩子会养成以自我为中心的性格,难以形成对自我的客观评价,一旦走出家庭，遭遇外界的批评，便容易陷入深深的自我怀疑中，无法容忍别人对自己的负面评价。

（三）过度保护

家长无微不至地呵护着孩子，怕孩子受到伤害，于是事事代劳，处处设限，见不得孩子吃苦、吃亏。家长总是习惯用自己的经验指导孩子，减少了孩子面对挑战和困难的机会。在这样的环境下成长，孩子便缺乏了锻炼意志力和抗挫能力的机会，一旦离开家长的庇护，独立面对外界的困难，由于缺乏解决问题的能力，孩子便会脆弱不安，无所适从。

（四）期望过高

家长对孩子有过高的期望，过多地控制、干预、包办会导致孩子的自由空间不足，精神压力较大。孩子心里的那根弦绷得过紧，不敢放松，不敢面对家长失望的神情，心理负担过重，于是一点"风吹草动"就让他们本身脆弱的神经牵一发而动全身，极度在意别人对自己的评价。

(五)打压式教育

在长期的打压式教育下,孩子可能逐渐失去自信,变得自卑、敏感。他们内心渴望获得成功,得到认可,却又害怕尝试和犯错,这种矛盾心理让孩子在面对挑战时畏手畏脚,内心极度焦虑不安,内耗自己。若失败就可能立即崩溃,不敢再试。长此以往,孩子会不断怀疑自己的能力,自我价值感较低。

二、正视孩子的"玻璃心"

(一)"玻璃心"是一种正常的心理反应

家长面对孩子的"玻璃心"时,常常会反应过度,反而轻视了孩子的情感需求,质问孩子:"这点小事你为什么会崩溃?"我们应保持理解与接纳,认识到这是孩子在成长过程中的一种正常心理反应,而非性格缺陷。家长需要耐心倾听孩子的感受,理解他们的情绪波动。同时,家长不要过于焦虑,要做孩子的榜样,认识到"玻璃心"并非不可改变的特质,通过正确的

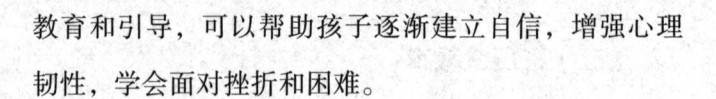

教育和引导，可以帮助孩子逐渐建立自信，增强心理韧性，学会面对挫折和困难。

（二）"玻璃心"是反思家庭教育的机遇

孩子的"玻璃心"一定程度上暴露了家庭教育中的问题，也是在提示各位爸爸妈妈要审视自己的教育理念、教育方法、和孩子的相处模式、孩子的成长环境。在小学阶段，我们发现了问题，就要积极进行调整，及时止损，避免影响孩子的心理发展。同时，发现问题也是一种机遇，这是在告诉各位爸爸妈妈现阶段是培养孩子抗挫能力的绝佳时机，应抓住机会让孩子多一些历练，多付出一些耐心和智慧，教会他们如何调整心态，如何克服困难，引导孩子正确看待失败，学会从挫折中汲取力量，培养他们坚韧不拔和乐观向上的品质。

三、重塑孩子的"玻璃心"

（一）多理解，共情孩子的感受

孩子出现"玻璃心"时，不要忙于责备孩子脆弱的行为，要站在孩子的角度去理解和接纳。虽然对于大人来说是一件很小的事情，但对于脆弱的孩子，可能就是天塌了。"就因为这点小事，你至于吗？""还没试，你怎么就觉得自己不行？"类似于这样的回复常常会让孩子更加沮丧和无助，认为最亲近的爸爸妈妈嘲笑自己，认为自己很小的事情都做不好。

作为家长，首先，要耐心倾听孩子的感受和想法，不要急于打断或给出解决方案。其次，尝试理解孩子的情绪来源，并给予适当的同情和支持。告诉孩子他们的情绪是正常的，每个人都会有害怕、觉得丢人、委屈的感受。最后，和孩子在平等的状态下进行沟通，让孩子知道爸爸妈妈非常关心、理解他，让孩子可以宣泄、表达负面情绪，脆弱的孩子更不能把情绪憋在心里。

（二）巧解读，帮助孩子分析接收到的信息

当孩子陷入"玻璃心"的情绪中时，父母不要着急"速战速决"，而应帮助孩子正确解读他们接收到的信息，分析背后的原因。比如，瑶瑶的书写不规范，老师指着她的作文说："你的书写太潦草了，要端正态

度啊。"家长可以这样和瑶瑶交流:"老师特别想阅读你的文章,她很想了解你写的故事,但如果字写得不规范,老师读起来就非常困难,老师看不明白,肯定特别着急,所以赶紧提醒你把字写清楚。"又比如,君君在超市不小心打碎了一个玻璃碗,工作人员大声喊道:"赶紧让开!"可以这样和孩子说:"工作人员知道你不是故意的,但是地上的玻璃碴很容易扎到你和其他顾客,他很担心,所以才特别大声地提醒你。"父母巧妙地指导孩子解读别人的评价,让孩子将注意力转移到评价背后的原因,而不是批评、指责的态度上。

(三)多社交,提高孩子的抗挫力

放手让孩子走出去,鼓励孩子参加集体活动,与同龄人建立友谊。或者邀请孩子的朋友来家里玩,为他们提供交流的平台。在社交中,孩子难免会遇到挫折和失败,比如被同伴拒绝加入某个游戏、在团队合作中被误解,或是与朋友之间产生争执。这些看似不愉快的经历,实则蕴含着宝贵的成长机会。爸爸妈妈应抓住孩子受挫的契机,鼓励他们勇敢面对困难,和孩子一起分析原因,寻找方法,并鼓励他们再次尝试。

通过不断的实践与努力，孩子们会逐渐学会如何在逆境中调整心态，保持冷静与乐观，独立解决问题，从而更加坚韧和自信地面对生活中的挑战，提升抗挫力。

（四）多运动，增加孩子的"韧性"

运动能在无形中塑造孩子的性格，是最简单的磨炼孩子心智的方法。任何一项运动都需要坚韧不拔的意志品质，在运动中，孩子们需要面对竞争，需要在无数次的成功与失败之间，学会如何调节情绪、如何在逆境中寻找转机、如何在失败后重新站起。例如，在篮球场上，孩子不仅要学会与队友默契配合，还要在对手的紧逼下保持冷静，每一次投篮的失败都是对心理韧性的锤炼；而在游泳池中，无论是面对体力的极限还是技巧的瓶颈，孩子都需要不断调整心态，克服恐惧与疲惫，每一次的突破都是对自我极限的挑战。在长期的运动中，孩子可以学会坚持，变得坚强，使他们在面对生活的挫折时，能够更加从容不迫，展现出强大的心理韧性。

"脱敏"治疗是循序渐进的，但一定是必要的、可以成功实现的，需要爸爸妈妈长期关注，考验爸爸妈妈的智慧。"弱者自困，强者自渡"，我们无法隔绝外界对孩子的影响，那我们就要帮助孩子修炼"钝感力"，多一分钝感，少一分在意，让孩子学会从容、积极地面对挫折与伤痛，过一个明朗的人生。

锦囊作者：宋雯

远离小抱怨　点亮正能量

小明是一名三年级的小学生。对小明来说，似乎周围的一切都在故意和他对着干：课间，同学们好像特意疏远他，不是借给他的铅笔不好用，就是玩游戏不带着他；课上，明明还有别的同学在开小差，老师偏要点他的名字；下午又下起了大雨，小明期待的体育课也泡汤了……面对生活中的小曲折，小明总是唉声叹气地抱怨："真倒霉，同学、老师都针对我，就连天气都那么烂！他们合起伙来欺负我！"时间长了，小明的身边确实少了很多朋友，他的情绪更低落了。

一、小抱怨，危害大

抱怨可能是每一个人遇到困难时都难以避免的一

道坎。抱怨往往源于对现实与期望之间差距的不满，当事情没有按预期发展，人们便通过抱怨来表达内心的失望与沮丧。同时，它也是一种情绪的宣泄方式，期望借此获得他人的理解与支持，以缓解自身压力。然而，如果养成遇事就抱怨的习惯，无疑是埋下了一颗危险的种子，对于心智尚未成熟的小学生更是如此。如果在遇到困难时只是一味地散发负面情绪，不但对解决问题没有实际作用，还容易让孩子一遇到问题就归因于环境和他人，逃避问题。长此以往，他们很容易陷入"习得性无助"的境地。一旦陷入这种状态，他们会觉得自己无论怎么努力都无法改变现状，从而失去尝试的勇气和动力，给孩子的性格养成和未来发展带来严重的负面影响。因此，培养孩子远离小抱怨，是帮助孩子正确面对问题，接纳自己，提升自信的一种重要方式。

二、抱怨是如何阻碍孩子解决问题的？

为什么孩子在遇到问题的时候，容易首先选择抱怨呢？孩子总是习惯选择抱怨，一方面可能是因为缺乏解决问题的手段，另一方面也因为抒发情感比思考解决困难的方法更简单。然而，一味抱怨也会对孩子产生诸多不良影响。一旦孩子习惯了遇到困难就抱怨，很可能会陷入负面情绪中，无法冷静思考问题的本质和解决方案。抱怨使孩子将注意力集中在事情的悲观面，长期如此，孩子会习惯性地夸大自己面对的困难，逐渐放弃尝试，解决问题的能力便难以提升。在日常情绪上，孩子频繁"散发负能量"，也会影响他们与同学、老师的关系，渐渐遏制孩子的正常人际交往。这种消极情绪还会逐渐蔓延，使他们对生活中的各种事情都产生不满，最终变得"习得性无助"，认为自己无论怎么努力都无法改变现状，从而失去努力的动力。

三、正念思维及运用

面对困难时，孩子很可能产生以下几种扭曲的认知，从而开始抱怨：

·灾难化思维（如果最坏的情况发生了可怎么办？）

·绝对化思维（全班同学一定都不喜欢我。）

·放大负面想法（我什么都不擅长。）

·以偏概全（他课间没和我玩，他一定讨厌我。）

·忽视积极事件（今天什么好事也没发生。）

引导孩子学会正面思考，能更快让孩子脱离抱怨的泥沼。正面思维是一种专注于当下、积极面对的思维方式。它强调对自身情绪和思维的觉察，引导孩子不被负面情绪所左右。

要利用正向思维改变孩子抱怨的现象，可以从以下几个方面入手：

首先，在孩子遇到问题，开始抱怨时，家长可以先引导孩子说出现在的情绪，体会自己当下的感受。孩子在抱怨的时候，是难过还是愤怒？当孩子感觉自己面对的问题难以通过现有的手段解决时，会感到无助，是渴望通过抱怨寻求别人的帮助，还是迁怒于其他人，责怪环境的不公平？让孩子意识到抱怨背后的负面情绪的存在，是改变的第一步。在孩子一步步说出自己感受的时候，家长应给予肯定，站在孩子的角度，帮助孩子理解自己产生抱怨的真正原因。

其次，引导孩子发现思维中可能存在的扭曲认知。当孩子抱怨"班里同学一定都讨厌我""他课间没有和我玩，他一定不喜欢我"的时候，及时引导孩子深入思考，自己的思维是不是被夸张化、绝对化了？是不是以偏概全，用一件小事否认了自己平时的努力？反观自己在抱怨前进行的思考，孩子能够认识到自己思维中的不合理之处，为改变奠定基础。

最后，让孩子发挥想象，如果是另一位小朋友对自己表达这样的感受，自己可以怎么疏导他呢？如果是自己的好朋友倾诉："今天下课没有人和我玩，班里一定没人喜欢我了！"自己又会怎样应对呢？通过情景演绎的方式，孩子能客观地看到被放大的负面情绪。而从这样的客观角度上，孩子更容易挑战自己的扭曲认知。通过反复的正面思维训练，孩子逐渐学会用积极的思维去看待问题。

四、反思总结

在孩子的成长之路上，抱怨如同一片阴霾，阻碍孩子享受生活中的快乐。更多的时候，小抱怨的背后潜藏的是孩子面对负面情绪的无力与困惑。产生负面情绪是十分正常的反应，而引导孩子客观、科学地面对自己的负面情绪，不仅能帮助他们更好地接纳自己，还能让孩子不被过量的负面情绪所伤害。教育孩子远离抱怨，培养正念思维，自己为他们的未来撑起一片晴朗天空。"教育不是注满一桶水，而是点燃一把火"，我们要点燃孩子内心积极面对问题的火焰。通过引导孩子识别扭曲认知，让他们学会正视自己的情绪，以正面思维取代抱怨，从而让他们在面对生活的波澜时，拥有坚定的勇气和自信，迈向更加美好的明天。

锦囊作者：阮静雯

挣脱游戏桎梏 拥抱现实繁花

一、问题现象

小静是我所带的六年级班上的一个女孩儿。一天,我收到了小静爸爸的紧急求助。家长满心忧虑地说,发现小静竟然连续几天清晨早起偷偷玩电子游戏。这一行为让家长揪心不已,不知如何是好。乍听到这个消息,我有些诧异:在大家眼中,小静可一直是个乖巧懂事的孩子,她怎么也成了"小游戏迷"!继而,我不禁陷入了深思:这种情况在小学高年级学生中并非个例,沉迷游戏已经成为困扰许多家庭的严重问题。那么,我们该如何科学看待并正确处理呢?

二、问题分析

学生沉迷游戏的原因是复杂的,它是多种因素交织作用的结果。这其中涉及学生自身心理发展阶段的特点、学业带来的压力与情绪调节难题,以及家庭环境所产生的深远影响等。

(一)心理发展需求

高年级的孩子正处在心理成长的关键时期,自主意识逐渐增强。他们开始渴望独立,对周围的世界充满好奇,希望能够按照自己的意愿行事。游戏世界为孩子们提供了一个可以自由探索、自主决策的空间。在游戏中,他们能够摆脱现实生活中的诸多限制,体验到一种掌控一切的感觉,从而满足内心对自我控制感的需求。

此外,当孩子在现实学习或生活中产生挫折感后,游戏极易成为他们心理补偿的途径。无论是通过完成游戏任务、升级还是在游戏竞争中获胜,他们都可以获得在现实中缺失的成就感和满足感,而这些体验都能让孩子感受到自身的价值和能力,从而产生极大的吸引力。

(二)压力与情绪调节因素

这个年龄段的孩子,大脑发育尚未成熟,情绪调节能力相对较弱。当面对学习压力、家庭期望等各种外界因素带来的负面情绪时,他们缺乏有效的应对方法。游戏具有强烈的吸引力和刺激性,能够迅速转移孩子的注意力,使他们从不良情绪中暂时解脱出来,成为他们逃避压力的避风港。

(三)家庭环境的影响

家庭氛围对孩子的行为有着潜移默化的影响。如果家庭中缺乏积极向上的氛围,或者家长自身存在过度使用电子设备的行为,孩子更容易受到影响。此外,如果家长与孩子之间缺乏深入、有效的沟通,孩子无法将自己在学习、生活中遇到的问题和内心的感受传达给家长,在这种情况下,游戏便成为孩子自我安慰和排遣孤独的方式,尽管这种支持是虚拟的。

三、具体策略

虽然电子游戏给孩子的心灵带来了暂时性的慰藉，但是如果长期沉迷其中，则会阻断学生与真实世界的链接，会导致他们无法发展出与现实生活相匹配的真正能力，难以应对现实问题。那么家长该如何引导呢？

（一）建立理解与沟通的桥梁

1. 主动倾听与共情

家长要努力营造一个让孩子感到安全、舒适的沟通环境，并学会主动倾听孩子的想法和感受，不仅仅是关注孩子的行为。当孩子谈论游戏或其他话题时，要用心去理解他们的观点，尝试站在孩子的角度看问题。例如，家长可以说："我知道这个游戏一定有它好玩的地方，你可以和我说说你为什么喜欢它吗？"通过这种方式，让孩子感受到家长的共情，从而建立起良好的沟通基础。

2. 引导式沟通

在与孩子沟通游戏问题时，家长要避免简单地指责或禁止，而应采用引导式的沟通方法。可以与孩子一起探讨游戏的利弊，引导孩子认识到过度沉迷游戏可能对身体、学习和生活造成的负面影响。例如，询问孩子："你觉得玩这么长时间游戏后，你的眼睛会不会不舒服？会不会影响第二天的学习呢？"通过这种引导，让孩子思考游戏对自己的影响，增强他们自我管理的意识。

（二）协助孩子应对压力与情绪管理

1. 传授情绪调节技巧

家长要密切留意孩子在日常生活中的压力信号，并有意识地教给孩子一些简单有效的情绪调节技巧，帮助他们更好地应对负面情绪。例如，深呼吸练习、放松肌肉训练、积极的自我暗示等。同时，鼓励孩子用积极的心态看待问题，通过自我暗示增强自信心，如"我可以克服这个困难""我今天心情很不错"等。

2. 丰富课余生活

为了减少孩子对游戏的依赖，家长要帮助孩子丰富课余生活。可以根据孩子的兴趣爱好，为他们安排一些有益于身心健康的活动，如参加体育运动、学习音乐绘画、阅读书籍等。这些活动不仅能够缓解孩子的学业压力，还能培养他们的兴趣特长，让孩子在现实生活中找到乐趣和成就感。

（三）优化家庭环境与树立榜样

家长要努力营造积极向上、温馨和谐的家庭氛围。可以通过组织家庭活动，如一起看电影、做游戏、外出游玩等，增强家庭成员之间的感情联系，从而使孩子获得情感安全，帮助他们确立正向的自我认知，培养强大的内心。

家长是孩子最重要的榜样，在电子设备使用方面要以身作则，减少在孩子面前使用手机、电脑等电子设备的时间，尤其是避免在陪伴孩子时玩手机。家长可以与孩子一起制定家庭规则，规定电子设备的使用时间和场合，大家共同遵守。通过这种方式，为孩子树立正确使用电子设备的榜样。

四、反思总结

解决孩子沉迷游戏的问题并非一蹴而就，需要家长深刻认识到这背后隐藏着多层面的心理密码和影响因素,并采取积极有效的引导策略,从多个维度入手,帮助孩子在现实与虚拟之间找到平衡,健康成长,真正摆脱游戏的过度束缚,拥抱丰富多彩的现实生活。

锦囊作者:宋严丽

孩子爱"顶牛" 家长巧"牵牛"

一、问题现象

在孩子成长过程中,家长们常常会遇到孩子爱"顶牛"的情况。这一现象不仅会让家长感到困惑和烦恼,还可能对亲子关系产生一定的负面影响。

记得班里有一位名叫寞小理(化名)的学生,他个子高高的,在同龄人中格外显眼。那一双明亮的眼眸透露出机灵劲儿,一看就是个聪慧的孩子。可是最近不知怎么了,寞小理特别喜欢和老师、家长"顶牛"。一天,在上阅读课的时候,周围的同学都在专心致志地看书,我却发现他在低头与同桌悄悄交谈。于是,我叫他站起来。他站起来后,理直气壮地说:"我没说话!"我说:"大家都在安静地看书,你这样会影响周围同学阅读的。"他依旧理直气壮地回应:"我声音很小,我不觉得影响了别人,不信,你问问周围的同学,我影响他们了吗?"当时,我十分生气,心想:这孩子又开始犯倔了。随后,我便向家长反映了小理在学校不遵守纪律,还带头与老师顶嘴的事情。家长一听,顿时火冒三丈。回到家后,二话不说,就把小理批评一顿。

二、问题分析

(一)学生因素

随着年龄的增长,孩子的自我意识逐步增强,他们开始拥有自己的想法、观点和需求,渴望表达自我并获得他人的尊重与认可。当他们觉得老师和家长的意见或要求与自己的想法不一致时,就有可能通过顶嘴的方式来表达自己的不满与反抗。有些孩子可能正处于青春期,此时他们的情绪管理能力尚未完全成熟,当遇到挫折、压力或不愉快的事情时,往往难以控制自己的情绪,容易以顶嘴的形式发泄出来。这个阶段的他们，缺乏正确的沟通方式和解决问题的能力，遇到事情容易采取抵触的态度。

（二）家庭因素

家庭环境和教养方式对孩子的行为习惯和性格发展有着重要的影响。有的家长的教育方式可能过于简单粗暴，平时缺乏与孩子的有效沟通。孩子爱顶嘴也是希望通过这种方式寻求家长的关注和关心。这个阶段的孩子也在逐渐追求独立，他们试图摆脱家长的束缚，证明自己已经长大，在这个过程中，顶嘴可能成为他们表达独立意愿的一种方式。如果一旦孩子顶嘴，家长就采取打骂的方式，可能会加剧孩子的逆反心理。面对这样的孩子，一定要找到更科学合理的育儿方法。

三、具体策略

（一）事发中，冷静而不急躁

当孩子顶嘴时，家长首先要保持冷静，深呼吸几次，让自己的情绪平静下来，避免与孩子发生激烈的冲突，冷静处理"顶牛"事件。如果家长在情绪激动的情况下与孩子争吵，不仅无法解决问题，还可能会加剧孩子的抵触情绪，影响亲子关系。

（二）事发后，静缓而不急动

当孩子顶嘴时，家长首先要倾听孩子的想法和感受。要给予孩子充分表达自己想法或感受的机会，不要急于打断或批评他们，而是要耐心地听他们把话说完。在与孩子沟通时，第一，要讲事实，而不是做道德评价。第二，告诉孩子这个事实可能会带来什么后果，自己作为家长为什么会担心。第三，也是很重要的一点，就是提出希望，告诉孩子他应该怎么去做，以平和的心态和孩子沟通。另外，家长也要注意语言的表达方式，尽量使用温和、积极的语言，避免使用负面、攻击性的语言。在倾听的过程中，家长可以用眼神、表情或语言等方式表达对孩子的关注和理解，让孩子感受到自己被尊重和重视。通过倾听，家长可以更好地了解孩子顶嘴的原因，从而更有针对性地采取措施。

(三)培养孩子的情绪管理能力,树立正确的教育观念

当孩子出现情绪问题时,家长可以引导他们通过深呼吸、放松肌肉、转移注意力等方式来缓解激动的情绪。同时,家长也可以通过和孩子一起阅读情绪管理方面的书籍、观看相关的视频等方式,帮助孩子学习情绪管理的技巧和方法。还可以给孩子提供一些正能量的活动,帮助孩子用正确的方式释放负面情绪。家庭教育当中一个特别重要的观念就是提倡给孩子适当的休息、娱乐、体育锻炼的时间,给孩子合理的宣泄出口。鼓励他们积极参加学校的各种活动,培养团队合作精神和责任感,增强自信心。让他明白,与老师、家长顶嘴并不能解决问题,反而会使情况变得更糟。

(四)调整家庭环境和教养方式

家长要反思家庭环境和教养方式,是否存在不利于孩子成长的因素。如果存在溺爱或对孩子要求过于严厉的情况,就要及时调整自己的教养方式。家长可

以适当给予孩子自主权,让他们参与家庭决策和事务管理,培养他们的责任感和独立性。同时,也要营造和谐、温馨的家庭氛围,让孩子感受到家庭的温暖与支持。当孩子表达出自己的想法和需要时,家长要尊重孩子的个性和差异,不要将自己的期望与要求强加给孩子。

四、反思总结

孩子爱顶嘴是一种常见的现象,家长要正确认识和对待这一问题。通过分析孩子爱顶嘴的原因,家长可以采取针对性的应对策略,如保持冷静、倾听孩子的想法和感受、建立良好的沟通模式、培养孩子的情绪管理能力、树立正确的教育观念、调整家庭教育环境和教养方式等。这些策略可以帮助家长更好地与孩子沟通,解决亲子问题,促进孩子健康成长。同时,家长要不断学习和提升自己的教育能力,以适应孩子不断发展的需求。

锦囊作者:朱姗

给孩子一把表达愤怒的钥匙

著名心理学家弗洛伊德说:"未被表达的负面情绪永远不会消失,它们只是被活埋了,没被释放的情绪就如同藏在体内的定时炸弹。"愤怒是孩子在成长过程中常见的情绪表达方式,如何让孩子学会正确表达愤怒在成长过程中至关重要,一定要引起我们家长和老师的重视,接下来我和大家分享几个案例故事,针对不同情况、情绪愤怒程度不同的孩子,为家长们提供一些方法策略,共同助力孩子们的成长。

一、用爱给予安全感,让呼吸抚平愤怒

低年级晗晗的易怒情绪一度让我感到相当棘手。有一次课间,因为一个同学不小心碰倒了她的水杯,

晗晗便大发雷霆，不仅大声斥责那位同学，还愤怒地将水杯扔在地上。

我立刻介入，首先安抚了晗晗的情绪，紧紧地抱着她直到她冷静下来，并耐心地向她解释愤怒是正常的情绪，但需要学会用适当的方式表达。我教晗晗深呼吸，教她用言语而不是行动来表达不满。

依据儿童心理学理论，情绪调节构成了儿童早期发展的关键要素。低年级的晗晗正处于情绪和自我意识的初步形成阶段，此时她急需成人的指导以掌握情绪的识别与表达。教育过程中，我通过直接介入及教授深呼吸等情绪调节技巧，助力晗晗构建情绪调节的基础架构。

二、角色扮演认识愤怒，培养同理心善待他人

中年级的六月以自我为中心，与同伴交往往往以不愉快告终，导致身边没有朋友，但是他心中有很多故事，我总能从他的自言自语中听到一些生动情节。

这种情况引发了我的好奇，便开始细致地观察六

月的行为模式。我发现六月在小组合作时特别容易发怒，尤其是当其他同学不按照他的想法行事时。看到这些，我决定采用角色扮演的方式，让六月和其他同学一起模拟类似的情境，通过角色互换，使六月理解他人的感受。我还鼓励六月参加学校的戏剧俱乐部，让他在表演中释放情绪，学习如何控制和表达。

近些年脑科学研究成果在教育中普遍应用，据脑科学研究发现，角色扮演与戏剧活动能够激活大脑镜像神经元系统，进而提升个体的同理心及情绪理解能力。教育过程中采用此方法，不仅促进了六月对他人的理解，也推动了其大脑情绪调节相关区域的发展。

三、情绪日记唤醒自我反思

大宝生活在一个高知家庭，父母都是研究生，平时对他的要求非常严格，导致孩子压力倍增。到了中年级大宝开始出现易怒的问题，尤其在压力大时会爆发。

针对这种情况我找到了家长，先达成了引入情绪日记的共识，让大宝记录每天的情绪变化和触发点。

通过这种方式，大宝开始意识到自己的情绪模式，并学会在教师和家长的帮助下，提前采取措施避免情绪失控。与此同时，我与大宝的家长在一年的时间内保持密切沟通，共同制定了一套应对策略，例如：在家中也进行情绪表达的练习等。通过此方式，大宝开始识别自身情绪模式，并在教师与家长的辅助下，学会预防情绪失控。

积极心理学在情绪教育中发挥着重要作用，主要体现在情绪日记的持续运用。教育过程中持续指导大宝记录每日情绪变化及其触发因素，以增进其对自身情绪反应的理解。例如，大宝能够记录下何种情境下产生愤怒情绪，以及该情绪如何影响其行为与思考。

四、压抑愤怒不是目的，情绪管理才是王道

一天，四年级的大宝在课堂上因为一名同学无意中嘲笑他的作业而再次情绪爆发。这次，他没有像以前那样失控，而是选择了离开教室主动调节，独自一人在走廊上快速地踱来踱去，很明显他在压抑内心的

愤怒。

我紧随其后,没有立即和他交流,而是选择了一个更合适的时机与他进行了一次深入的对话。"大宝,我知道你很生气,你选择离开教室是一个很好的决定。你现在可以告诉我,为什么那个同学的话会让你这么生气吗?"我温和地问道。大宝沉默了一会儿,慢慢开口道:"我觉得她不应该那样说我的作业,我努力了,但她嘲笑我做错了这道简单的题。"

我点了点头,表示理解:"我明白你的感受,大宝。但你知道吗,有时候别人的话并不是针对我们,而是他们不了解你。我们不能控制别人说什么,但我们可以控制自己的选择。你已经做得很好了,选择离开而不是立即反击。现在,让我们一起想想,下次遇到这种情况,你还可以怎么做呢?"

这次对话让大宝意识到,尽管他已经在控制情绪方面取得了进步,但仍然需要学习如何更好地面对别人的言行。我建议他尝试通过幽默来化解尴尬,或者用积极的自我对话来增强自信。大宝开始练习这些技巧,希望他在接下来的日子里面对挑战时更加从容不迫。

在教师与家长的共同引导下,孩子们取得了显著的进步,大宝逐步提升了情绪智力,他学习了在面对挑战时,如何有效地调节情绪反应。例如,在数学课上遇到难题而感到沮丧时,大宝学会了深呼吸,然后平静地向老师求助。课后,我对大宝的进步予以表扬,并鼓励其持续努力。他亦认识到,通过沟通与寻求帮助,能更有效地解决问题。

五、家校合作才是解题关键

在以上的案例故事中和案例的背后都有家校合作的身影,这是解决孩子负面情绪的关键所在,我们保持紧密沟通,共同制定应对策略,并在家庭环境中实施情绪表达练习。例如,家长可在家中设立"情绪角",供孩子在愤怒时前往冷静,并记录感受。此协同合作模式不仅促进了易怒孩子在校内的进步,也为其在家庭环境中的支持与鼓励提供了保障,从而推动了其全面均衡的发展。

总之,在教师与家长的协同努力下,这些孩子逐步掌握了情绪调节与应对挑战的技能,从易激动转变为能够以成熟态度处理愤怒情绪。此过程不仅彰显了我们教育者在情感智力与社交技能塑造中的关键作用，亦凸显了家庭与学校合作的重要性。借助科学的教育策略与持续的支援，每个孩子均有可能达成自我发展与转变。这些孩子的成长提醒我们，教育的内涵远不止于知识的传递，更涵盖了情感与人格的培育。

锦囊作者：张雨

用共情陪伴孩子阳光成长

共情，由美国心理学家卡尔·罗杰斯提出，指感受他人的情感体验并积极回应的过程，也就是我们常说的"设身处地""换位思考""感同身受"。

面对孩子的请求，家长常见的回应方式有讲道理、指责、讲条件、宠溺、恐吓和共情。面对孩子的哭闹，很多家长可能轮流使用一遍。讲道理，很容易让孩子失去主见；指责，会让孩子不敢尝试；讲条件，让孩子错失体验；宠溺，让孩子以自我为中心；恐吓，让孩子孤立无助；共情，最爱不过我懂你。

一、换位思考——认知共情，看到孩子的世界

共情包含两个独立的方面，一个是认知共情；一个是情感共情。前者指基于认知基础上的理解和判断他人情感的能力；后者指与他人情绪体验相一致的内在感受。比较而言，情感共情更多涉及每个人的天性，如有的人天生比较敏感，对周围事物的情绪敏感度比较高。认知共情主要启动的是我们的观点采择能力，能够换位思考，站在对方的处境理解对方的感受。

读懂孩子的真实心理需求，才能给他们更好的教育和爱。站在不同的位置会看到不同的风景，处于不同的立场会产生不同的观念。懂得共情的父母，会选择耐心倾听，承认并接纳孩子的情绪，努力体会孩子的感受，了解情绪产生的根源，发掘孩子内心的需求点。同时也要给予一定的回应，尝试着说出孩子的想法，向孩子表达自己的感受，说明你在听，且听懂了孩子的倾诉。

二、感同身受——情绪共情，体会孩子的感受

共情陪伴的第二个层次，是感同身受。它指的是通过角色扮演，即情境式体验，感受孩子的情绪变化。例如，在周末的一天中，父母和孩子交换身份，分别扮演对方的角色，模仿对方的动作和口头禅，换位感受自己听到这样的话语，情绪是怎么样的。当父母想要批评孩子时，应在心里默默进行身份互换，如果自己是孩子，希望父母用哪种语气和方式与自己互动？这样有助于控制我们的情绪。

孩子思考问题的角度和父母有所不同，有时候在父母眼里微不足道的小事，在孩子眼里可能是天大的事情。要想让孩子听得进去、听得懂、有改进，就要走进孩子的内心，站在孩子的角度去感受，即换位思考、感同身受。生硬的批评、指责、呵斥，只会让孩子拒绝沟通，离父母越来越远。

当孩子闹脾气时，不要急着制止，而是要给他一个宣泄的空间："我知道你现在很生气，可以大声哭出

来。"让孩子学会接纳自己的情绪，而不是压抑。当孩子哭闹时，你可以这样做：先蹲下身，与孩子平视，轻轻地说："宝贝，现在是不是很委屈？想哭就哭出来吧，妈妈在这里陪你。"等孩子哭累了，再温柔地拥抱他，不要急了去问原因，让他在你的怀抱里慢慢平静下来。表达尊重、平等相处、以善意理解孩子的观点及行为，是共情式教育的必要条件。

三、积极回应——行为共情，温暖孩子的内心

积极回应，也可以称为"行为共情"，是指我们通过语言、肢体动作和行为对孩子进行回应，让他产生被理解和接纳、不孤独的感觉。这个情绪传递的过程，对孩子来说非常重要。

我们是不是有过这样的感受：孩子在成长中有时会遇到一些烦心的问题，不愿意和父母交流，但愿意向好朋友倾诉；对于同一个问题，父母传授的方法孩子不想采纳，却愿意试一试朋友的建议，哪怕父母和朋友给出的建议相似。如此差异化对待的原因是什么？

更多时候,孩子觉得和朋友有共同语言,他们能更懂自己。而父母因为过于担心自己,沟通时总是在讲道理,甚至是不停地唠叨抱怨。

孩子遇到烦恼时,父母不要急于提建议,而应先静静聆听,并积极互动:"真不容易,遇到这样的事情,说说你的想法?"倾听的时候,要全心全意,不要一心二用。你可以微笑着点头,适时地说:"嗯,我明白了。""原来是这样,继续说说看"……让孩子感受到你的专注和支持。当家长放下高高在上的姿态,将自己摆在和孩子平等的位置上,以朋友的方式与孩子进行沟通,平和、耐心地表达自己的观点,孩子才会更愿意与家长进行沟通。等孩子表达完,再给一些温和的引导。

四、正向引导——鼓励期待,促进孩子的成长

正向引导指的是,基于孩子的情况,提出一些建议和指导,帮助他提升解决问题的信心和能力。引导时,先沟通情绪,再解决问题。很多青春期遇到的问

题，孩子并不愿意和父母沟通。并且，父母传授的方法，孩子也不愿意采纳。这背后的原因就在于，在孩子的心中父母不理解自己，所以内心很排斥他们。

懂得共情的父母会选择耐心倾听，承认并接纳孩子的情绪，努力体会孩子的感受，了解情绪产生的根源，发掘孩子内心的需求点。倾听孩子诉说一次，与孩子的距离就会拉近一次。在日常相处中多一些换位思考，学会倾听孩子的心声，让"我理解你"成为亲子交流的常用语，孩子内心的安全感和幸福感就会增加，行为问题也会随之减少。

不过，共情不等于完全附和，父母在与孩子沟通的过程中，有时不能立即精准理解孩子的真实想法和感受，所以在沟通过程中要不断修正自己理解的偏差，直到能够正确理解孩子的情绪与感受。

当孩子遭遇了情绪风暴，或者出现行为问题时，如果我们急于用自己的大道理进行灌输式与批判式教育，只会伤害到他们，拉大孩子与我们之间的距离。那些懂得共情的父母更容易走进孩子的内心，因为他们能够看见、能够理解深陷负面情绪的孩子，用他们内心的柔软和善良，给孩子最好的治愈。

也许我们无法给孩子一个完美的世界,但我们可以用心营造一个充满爱与理解的家。不妨找个机会,给孩子一个温暖的拥抱,告诉孩子:"爸爸妈妈永远爱你,我们一起慢慢长大。"愿每个人,在情绪低落的时刻,都能享受到共情的温暖陪伴。

锦囊作者:王菁蕙

正面管教的温柔力量

在教育过程中,当孩子出现逆反等不良行为或学习习惯时,如果一味采取压制、禁止的方式,往往难以取得理想的效果,可能还会激发学生的逆反心理,导致他们更加抵触和反抗。堵不如疏,疏不如引,只有采取温和而有效的解决方式才能真正地理解孩子的行为和需求,走进他们的内心。

随着社会的不断发展,对人才的需求也在不断变化。现代社会更注重个人的综合素质和创新能力,而正面管教是培养这些能力的重要途径之一。通过正面管教,孩子可以学会如何与他人合作、如何解决问题、如何面对挑战,这些都是现代社会所必需的技能。

正面管教根植于阿德勒心理学,由简·尼尔森(Jane Nelsen)等人在20世纪80年代提出,并发展成为以科学研究为基础的儿童指导模型的家庭教育体系。

正面管教是一种既不惩罚也不骄纵的管教孩子的方法,以尊重与合作为基础,在一种和善而坚定的气氛中,培养孩子自律意识、责任感、合作观念以及自己解决问题的能力,其目标是帮助孩子获得"归属感"和"价值感",成为更好的自己。

一、纠错前建立情感联结

孩子犯错时,惩罚能够带来一时的效果,但是无法解决根本问题,长期来看必然导致愤恨、报复、反叛和退缩等不良后果。

希希课间的时候总会随意点击班级大屏,有时点出网页,有时用涂鸦笔在大屏上乱涂乱画,同学们见状后提醒希希不要乱动大屏,但希希不以为然,在被班干部提醒违反班规并提出将告诉老师后,希希才勉强关掉页面,但趁班级没人时,会再次随意点击大屏。

希希的行为是班规所明令禁止的,在同学提醒后不但没有改正,反而从光明正大触碰转为没人时偷偷点击。在集体内,良好的行为习惯能够得到大家广泛的认可和尊重，相反，违反班级公约的行为也令同学们反感，很难获得与同学愉快交往的体验，在班级内难以建立良好的同伴关系。长此以往，对学生的身心发展会造成负面、消极的影响。

不论是行为训练，还是知识学习，在孩子成长过程中，纠错都是必要的。但纠错之前要先建立情感联结，这样不仅尊重并保护孩子的自尊心，也有利于孩子改错和不断进步。

家长在了解了孩子的在校情况后可以与孩子进行温和的交流，交流时可以分三步走，首先是共情，要站在孩子的角度看问题，试着理解孩子为什么这样做，倾听孩子的想法，体会他的感受。在沟通的过程中，家长可以用启发式、探寻式的对话增进情感联结，比如"然后呢？""还可以接着说"等改善沟通。适时分享自己类似的经历，拉近与孩子之间的距离。其次是了解孩子的需求，通过交流了解孩子的想法，仔细观察孩子的行为和情绪变化，捕捉孩子的需求信号。在与孩子确认需求时要询问其意见，尊重他们的选择。最后是提出解决方案。

国有国法，家有家规，校有校纪，班有班约。家长可以通过日常生活中具体的事情引导孩子理解规则和秩序的重要性，例如过马路时要看红绿灯，公共场所要保持安静等。规则是明文规定出来供大家共同遵守的制度和章程，是对每一个人的保护，因为规则，世界才变得更加有序、公平、美好。孩子既然违反了规则，那么在一定限度内，要让孩子独自承担所犯错误的后果。接下来，家长可以让孩子参与制定家庭规则，设立明确界限，哪些是可以做的，哪些是不可以做的，这样有助于培养孩子的参与感、归属感和责任感。家庭规则一旦确立，家庭成员要坚定地执行规则，以身作则，为孩子树立良好榜样，让孩子在正确的选择中培养自我控制的能力，真正做自己的主人。

二、定期召开家庭会议

周末晚上，轩轩家针对其经常拖延完成作业的问题召开了家庭会议。内容如下：父亲首先感谢母亲在本周为家庭的付出和贡献，如准备美味的晚餐、照顾家人等。母亲也肯定了轩轩在学校开始努力学习了，并提到他最近在数学上取得了进步，但在完成作业方面仍存在拖拉现象，导致很晚入睡。轩轩则感谢父母为他提供的学习和生活环境，并表示愿意努力改进自己的不足，轩轩首先提出使用计时器来监控自己作业完成时间的解决方案。

经过三人共同讨论决定，制定详细的作业时间表，轩轩每天完成作业后在表格内记下所用时间；设立奖励机制，完成作业后可以获得额外的娱乐时间；父母要每天检查作业进度，在孩子遇到困难时适时提供支持和帮助。

经过两周的调整和适应，轩轩完成作业的效率大大提高，保质保量的作业在学校得到了老师的表扬，自信心也提升了不少。

定期召开家庭会议是一种非常有效的家庭教育方式，它提供了一个平台，让家庭成员能够共同讨论家庭中的问题，分享各自的观点和感受，并共同寻找解决方案，让每个人都有参与感和责任感。通过家庭会议，孩子更懂得倾听、表达、相互尊重，并提高了解决问题的能力，这些将对他未来的成长产生深远的影响。

三、和善而坚定的行动

在家庭教育和日常生活中，和善而坚定的行动是一种非常必要且有效的态度，也是一种行为方式。和善的态度可以表达我们对孩子的尊重，倾听、理解、支持孩子，用温暖的语言和温和的态度与孩子交流；坚定可以帮助我们维护自己的权威，设立明确的界限和期望，坚持原则，对孩子的行为负责，同时给予指导和支持。

我们的目的是赢得孩子的信任，而不是赢了孩子；是激励孩子做得更好，而不是让孩子放弃自己；是启发孩子探索式思考，而不是在命令和责备中招致孩子的戒备；是让孩子决定做什么，而不是剥夺孩子的选择权。

通过和善而坚定的行动，可以为孩子创造一个积极、和谐的家庭环境，培养孩子的自律意识和责任感，促进孩子的健康成长和发展。

正面管教是一种科学、有效的教育孩子的方法，但正面管教不是一蹴而就的，而是一个长期、持续的过程。需要具备平等、尊重、和善、坚定，做起来并不容易，需要孩子和家庭成员的共同努力和坚持，根据孩子的个性和需求不断进行调整，也需要与学校老师保持密切合作与沟通，共同为孩子的成长发展创造良好的环境和条件。

锦囊作者：王爽

人际交往

少年与世界初相逢,目光交汇处自有星光

给幼小衔接孩子的"友谊指南针"

当孩子进入一年级,也就意味着他开始了长达十几年的全日制的规范化学习生涯,这也是家庭生活的一个标志性阶段的开始。这段旅程如何开启,开启的好不好都影响着孩子未来的发展。所以,很多幼儿家长都非常重视孩子在学习方面的衔接。做好幼小衔接最重要的是什么呢?都"衔接"什么呢?这是我们关心的话题。有很多家长的观点是不能让孩子输在起跑线上,为孩子做了很多知识储备,诸如背唐诗,认识汉字,让孩子学习一些简单的加减法……诚然,在孩子接受能力范围内能多些知识储备也是不错的选择,但其实幼小衔接最重要的不是知识储备,其中社会交往能力的发展对孩子入学适应影响是极大的,是非常有必要做的一项重要准备。

　　幼儿园的地域性很强，在同一个班级里基本都是周围小区的孩子，很多小朋友没进幼儿园前就在一起玩，进了幼儿园自然不陌生。而且学生少老师多，从进幼儿园的那一刻起，孩子们就在老师的陪伴下，可以跟小伙伴愉快地玩耍。但在小学不一样，一个班大约是40人，平行班级多、人数多，熟悉的小朋友能分到一个班级的概率不高，所以这个时候怎么融入大环境中就看学生自己了。除上课时间，课间、午休都是学生自由相处，有些事情也是同学之间自由协调，这时，孩子的交往能力就凸显出来。如果孩子缺乏社会交往能力，则有可能不能与同伴和谐共处，由此引起他们的离群、冷漠、自卑、抑郁，影响他们的心理健康。

　　近年来我校对入学新生的调查评估数据显示，存在严重交往问题倾向的学生大概在10%。想提高孩子基本的社交能力，让孩子走出幼儿园后，顺利适应小学生活，爸爸妈妈可以从以下三方面进行培养。

一、教育孩子要遵守基本的社交规则

静静是个刚上一年级的小朋友，刚上学几天就全校出了名，原因是她经常在上课、午餐等不固定时间跑出教室，老师们只好满校园地找她。被老师拉回教室后，只要没注意，她便会不知被什么吸引又跑掉了，大家只好又到处寻她。开学一个多月，同学都知道她是个爱下座位，随时可以跑掉的孩子，觉得她与大家不一样。静静沉浸在自己的世界里，也没有伙伴。

经了解，由于爸爸妈妈工作忙，孩子由姥姥看护。老人属于"散养"的教养方式，静静想做什么就做什么，毫无时间观念，甚至连吃饭时间都不固定。小学与幼儿园最大的不同就是要在固定的时间内完成相应的学习任务，这就要求所有学生必须遵守相应的规则，如遵守课堂纪律，按时如厕、做操、用餐、参加集会等。有很多刚入学的小学生规则意识不强，上课随意下座位，随便打断老师讲课，这些行为都是令同学反感的,这样的学生往往交友比较困难。

在小学阶段,建立规则意识十分必要。凡是守规则、秩序感强的孩子都广受同伴的亲近和欢迎。书桌收拾整洁,上课能够认真倾听别人的发言,对他人有礼貌,经常使用文明用语,公共场合不大喊大叫……这些良好的行为习惯能够得到大家广泛的认同,交往间能够获得愉悦的体验,也就更容易建立良好的同伴关系。家长要有意识地帮助孩子树立规则意识:保持正常的生活作息时间;文明有礼,遵守社会公德……如果孩子出现不恰当的行为要及时制止,并告诉他规则是每个人都必须遵守的。家长还要以身作则,做孩子的榜样。

二、鼓励孩子适时表达自己的观点

小军被婷婷手中的书吸引了,非常想看,便轻轻凑在婷婷身旁,歪着脑袋想看看书中画了什么,写了什么。但由于角度不好,仍然看不清楚,就直接把书从婷婷的手中抢过来,津津有味地看了起来。婷婷不知所措,不停地说:"给我,给我……"无奈,小军一言不发,头也不抬,仍旧看着书。婷婷哭了,找到老师:"他抢我的书。"老师让小军把书还给婷婷,小军生气地把书一扔,"真小气!"

像小军这样的行为,大家都不喜欢,久而久之同伴间的关系也就越来越差。这类学生往往不善表达,行动快于语言,如果他能够适时、有效地表达自己的观点,也许同伴之间的关系不会变得那么糟。比如小军如果能对婷婷说"我也想看看,能借我看一下吗?"或者"咱俩可以一起看吗?"婷婷也许就能够接受。此外,同伴之间的矛盾往往是双方意见不一致造成的,有的孩子说不清自己的想法就急得大哭大闹,而想要协商达到共赢就需要把自己的观点表达清楚,不要让对方产生误会。

父母在生活中要积极回应孩子的需求,这是对孩子表达能力的一种锻炼。只有回应了,孩子才有欲望去表达,即使孩子有不合理的要求,父母也应该做出回应,但要注意回应的方式不应让孩子感到紧张。当孩子与他人发生意见不一致的情况时,家长一定要耐心听取，鼓励孩子主动说出自己的想法；一旦孩子和同伴发生争执，应告诉孩子除了哭还可以用协商的办法来解决。另外，家长还要重视孩子的非语言沟通，包括身体姿势、面部表情、跟他人的谈话距离等。比如说话时要看着对方，当对方伤心时可以抱抱他，让他感到温暖。这些都有助于孩子表达能力的形成。

三、引导孩子主动与同伴建立友谊

为为由于情绪问题总爱和同学发生肢体冲突，所以大家都不愿意和他玩。他的妈妈很明事理，于是我就建议她多组织亲子活动，恰巧为为妈妈是个爱张罗的人，时不时就组织几个足球爱好者去踢足球，渐渐地为为得到认可，被推选为守门员，为为的朋友也多了起来，与同学发生冲突的次数也减少了。

小孩子天生喜欢玩，喜欢跟伙伴玩。如果在学校里天天有好朋友跟他一起玩耍，他怎么不喜欢上学呢？所以，家长一定要想尽办法让孩子交到几个好朋友，要让自己的孩子成为班里受欢迎的人。同住一个社区的容易聚在一起，经常约出来一块儿玩耍是个不错的选择。如果孩子内向不太与他人主动交流，那么家长要积极主动带孩子融入班级圈。周末组织场亲子活动，搞个小型足球赛，一起去郊外，参观博物馆，等等，鼓励孩子多与他人交往，帮助孩子建立朋友圈。

父母应该引导孩子在与同伴交往时，多考虑他人的感受，促使孩子与同伴和睦相处，比如对伤心的小朋友表达关心，主动帮助别人，分享自己的玩具，邀请同伴加入游戏等。游戏是培养孩子交往合作能力的重要途径。孩子通过游戏活动能摆脱以自我为中心的意识，融入群体之中。父母要多创设孩子与不同小朋友游戏的情境，鼓励孩子多参加游戏活动，多与小朋友交流，走到小朋友中间去。

总之，小学阶段孩子之间的交往形式不再是一对一，而是三个一群、五个一伙，在小团队中彼此认同，相互学习，形成一种愉快、默契的合作关系。如果有良好的、积极的交往体验，孩子就能很容易获得尊重，得到友谊，从而快速适应小学生活。

你的孩子做到了吗？

尊重他人	1. 不抢夺对方的玩具或物品。 2. 在交流时,不打断对方的发言。 3. 不随意嘲笑、挖苦同学
学会分享	1. 与同桌或他人分享自己的文具。 2. 在活动中,与同学分享自己的经验和知识
合理表达	1. 能用简单、明了的语言与同学交流。 2. 学会听取对方的意见和建议,尊重对方的观点,不一味地坚持自己的想法
团队合作	1. 具备一定的协调能力、沟通能力。 2. 尊重团队每个人的贡献,发挥自己的优势
赞美他人	善于发现对方的优点,并能够发自内心地给予他人鼓励或赞美

锦囊作者:边颖

家校共育,为孩子"朋友圈"之花浇洒"阳光雨露"

就像小树苗需要阳光雨露才能茁壮成长,孩子们也需要健康的人际关系来滋养他们的心灵。绽放的"朋友圈"之花,会让他们的世界更加丰富多彩,人生每一步前行都充满生机与希望。

然而,在与学生相处中,我们觉得尽管多数孩子表现出正常健康的交际能力,但还是有不少学生交际能力存在一些不足,一定程度影响了学习和生活。下面,就和家长朋友们聊一聊,如何家校共育,帮助孩子提升人际交往能力。

先说说孩子们交友问题表现出的几种主要类型。

类型一:"无脸男"式的委曲求全型。这类孩子就像《千与千寻》中的无脸男。他总是默默地跟在千寻身后，为了得到千寻的关注和认可，他拿出无数的金子讨好周围的人，却在这个过程中逐渐迷失自己，在人际交往的"汤屋"中徘徊，内心孤独且迷茫。

类型二："胖虎"式的唯我独尊型。这种类型的孩子很像《哆啦A梦》里的胖虎。胖虎常常仗着自己力气大，要求大家都听从他的安排，以自我为中心，觉得自己是孩子王。他不管其他小伙伴的意愿，强行让大家参与他喜欢的活动，凭借自以为的优势，总想让大家围绕自己转，在集体中显得霸道又孤立。

类型三："史迪仔"式的自暴自弃型。他们如同《星际宝贝》中的史迪仔。史迪仔曾经因为自己是被创造出来的"怪物"，与周围的世界格格不入，从而产生了深深的自卑。自暴自弃型的孩子也是如此，在人际交往中像史迪仔一样缺乏勇气和自信，把自己封闭起来。

类型四："莱莉"式的不知所措型。这类孩子就像《头脑特工队》中的莱莉。莱莉在搬家后，面对新环境，她内心的情绪小人各执一词，导致她的情绪起伏不定。今天可能因为某个有趣的瞬间对新同学热情满满，明天又会因为一点小挫折而对友谊产生动摇。不知所措型的孩子在人际交往中也是这样，难以建立稳定的关系。

孩子在交往中表现出这些问题，原因是多方面的，既有家庭氛围影响、家长教育理念和方式不当的问题，也有学校重智育轻德育、缺乏对学生交往能力引导的问题，更有家校沟通不足、共育配合不够等问题。针对以上问题，我们可以这么做。

一、学校方面

（一）组织多样化的集体活动

组织小组讨论、角色扮演、团队竞赛等活动，让学生在互动中锻炼交往能力。举办主题班会，如"友谊的重要性""如何成为受欢迎的人"等，引导学生形成正确的交往观念。

（二）加强教育引导

开展心理健康教育课程，融入社交礼仪教育，教授学生社交基本知识、沟通技巧、解决冲突的方法等。

(三)搭建实践平台

组织学生参加社区服务、志愿者活动等,让学生在实践中学习如何与人相处。

(四)个性化指导

班主任和任课教师应关注每个学生的交往情况,及时发现问题并给予指导。对于交往能力较弱的学生,进行一对一专门辅导和帮助。

(五)情感支持和回应

为了确保家长和学校之间有良好的沟通,每月至少进行一次面对面的家长会面或线上沟通,侧重于交流孩子在人际交往中的情绪变化和行为表现。此外,家长可以通过学校的资源、社区中心或在线平台寻找合适的心理咨询师。在选择心理咨询师时,应该考虑以下评估标准:专业资质、经验、治疗方法的适应性以及与孩子的相处情况。

中关村一小西二旗分校与阜外医院共同建设"心语心乐"工作室,旨在为学生提供健康生活的方式,并多次发起认识、感知情绪的互动。此外，学校还诚邀家长们参加，和孩子在游戏中面对情绪。

二、家庭方面

（一）营造和谐交往氛围

（1）温暖沟通，拉近亲子心理距离。设立家庭读书角、电影分享会等，锻炼孩子倾听和表达能力。定期组织家庭聚会，邀请亲戚、朋友的孩子来家里玩，增加孩子交往机会，让他们与朋友交流时更加自信自如。

（2）遵守规则，树立行为标杆。家长应展示良好的人际交往技巧，如尊重他人、礼貌待人、善于倾听等。在与孩子相处时，应注重沟通方式，避免使用暴力或冷漠的语言。

（3）多彩活动，培养协作精神。家长可以与孩子共同参与社交活动，增进亲子关系的同时，也让孩子有机会接触更多的人。

（二）调整教育方式与方法

（1）鼓励孩子敢于表达自我。不要强迫孩子迎合他人意见，比如：当孩子对某件事有看法时，家长可以说："宝贝，你这个想法很有趣，能和我说说你为什么会这样想吗？"

（2）尊重个性差异分类引导。个性差异不是教育的"绊脚石"，而是因材施教的"指南针"。对于那些性格内向、不善交流的孩子，应经常与他们深入交流，让孩子敢于表达自己。而对于那些性格外向的孩子，应让他们在与同龄人的互动中学会倾听、分享和合作，培养孩子的同理心和包容心。

（三）满足孩子的心理需求

（1）缺乏安全感的孩子，可能会表现出焦虑、恐惧或过度依赖的行为。在这种情况下，家长应该提供一个稳定和支持的环境，让孩子感到被爱和保护。对于已经拥有足够安全感的孩子，家长可以鼓励他们探索新事物，培养独立性和解决问题的能力。

（2）培养社交技能，搭建友谊桥梁。可以通过模拟社交场景和角色扮演，培养孩子的社交技能。或者模拟处理朋友间可能出现的冲突情境，让孩子从中提升情绪管理能力、有效沟通能力和团队协作能力。

（3）可以通过观察了解社会现象和活动，引导孩子树立正确的价值观，帮助他们成长为有责任感、有担当、有爱心、有公平心的社会公民。

三、家校合作方面

（一）定期沟通

学校定期组织家长会面或线上沟通，分享学生在校的人际交往表现，同时了解学生在家庭中的交往情况。家长也应主动向学校反馈孩子的交往问题，共同商讨解决方案。

（二）建立家校联系机制

为每位学生建立一个家校联系本，记录学生的成长情况和家校之间的沟通情况。

（三）开展亲子活动

学校可以组织亲子运动会、亲子阅读会等活动，让家长和孩子共同参与，更好地了解孩子的交往情况。

通过上面的交流，我们深切感受到，"家庭是情感的港湾，学校是友谊的摇篮，家校合作共育能让孩子在人际交往的海洋中自信航行"。让我们家校密切合作，共同促进孩子的健康成长和全面发展。

锦囊作者：王嘉驿

如果爱有颜色

教育家巴特尔说:"教师的爱是滴滴甘露,即使枯萎了的心灵也能苏醒……"教育的源泉是爱,对学生的关爱、理解、尊重,是点亮孩子彩色人生的火种。

一、案例描述:灰色与红色交织下,小辰的印记

操场上,小辰那瘦小的身影显得如此孤独,就像一抹灰色的影子。他背着大大的水壶,下巴微微扬起,眼神中透着迷茫与无助,仿佛被世界遗忘在角落里。小辰患有先天性癫痫,这如同灰色的阴霾,笼罩着他的生活,大量的课余时间都被看病所占据。

开学以来,他在班级里就像一座灰色的孤岛。课

堂上，他不受控制地发出的怪声，让同学们不自觉地远离他。他总是默默地坐在座位上，沉浸在自己的世界里，我尝试与他交流，可他回应寥寥，他的内心像有面灰色的墙壁，将自己与外界隔开。

然而，国庆节前夕的那场意外，却在这片灰色中撕开了一道红色的口子。班级排练节目时，小辰突然连人带桌倒地，他口吐白沫、全身抽搐，面色惨白如纸，每一次抖动都像是在灰色的命运之网上挣扎。我心急如焚地冲过去，用手托住他的头，慌乱地擦拭他嘴边的白沫，大声呼喊他的名字，那一刻，我的心急切如红色的火焰，在灰色的场景中燃烧。周围同学被吓得惊慌失措，尖叫着跑开。急救车及时赶到，这红色的希望之光让小辰暂时脱离了危险。

事后，我想：小辰因自己的特殊而自卑、孤独，其他同学又是怎么想的呢？如果这只是小辰一个人的问题，那他就是特殊的，大家就会用特殊的态度或眼光看待他；但如果问题能够引起大家的共鸣，那结果就不一样了。

二、案例分析：剖析小辰灰色困境下的心理原色

特殊学生一般是指在行为、家庭、社会等方面情况特殊的学生，每个特殊学生个体与其他个体在生理、心理等方面存在差别，由此产生不同程度的人际交往障碍。教师和家长应携手，从孩子交往的语言、行为、动机、情绪、自我意识等方面的训练入手，改善和提升孩子的人际交往能力。

小辰的遭遇，如同一幅色彩斑斓却又令人揪心的画卷，凸显出特殊儿童群体复杂的心理原色。特殊儿童就像被放错了位置的拼图块，他们因行为、身体或家庭等原因，在成长的画卷中显得格格不入。

对于小辰来说，他的世界被先天性癫痫这一灰色底色所覆盖。这种生理上的特殊，导致他在心理上产生了自卑、孤独等复杂情绪，这些情绪如同灰色颜料在他心灵的画布上不断涂抹，加重了他内心的阴霾。他与同学们之间的隔阂，就像一道灰色的沟壑，难以跨越。在人际交往这张画卷中，他显得不知所措，这

种困境是多种心理原色混合而成的灰色调,其中有对自身特殊的恐惧、对被接纳的渴望以及因不被理解而产生的痛苦。作为教育者,我们需要仔细剖析这些心理原色,找到调和色彩的方法,为他的世界重新上色,让爱的色彩融入其中,打破灰色的禁锢。

三、解决问题:用橙、绿、金为小辰描绘希望之色

苏霍姆林斯基曾说:"若只有家庭没有学校,或只有学校没有家庭,都不能完成塑造人的细致、复杂的任务。"对于小辰而言,家校共育就像三种明亮的色彩——橙、绿、金,交织在一起为他绘制希望的画卷。

小树只有和森林相依,才能更好地抗击风雨。在赢得家长的信任和支持后,我们决定从引导孩子的人际交往开始,以集体的感召力增强孩子的归属感,以集体的智慧弥补个体的不足。

(一)以同理心拉近彼此

首先,激发孩子交往的动机,引导孩子理解交往

的意义，有交往的兴趣，在交往中得到积极的强化，这是最重要的开始。

橙色代表着温暖与活力，我们从建立充满温暖的人际关系入手。我常常与小辰谈心，以橙色的热情开启与他交流的大门，尽管一开始他的回应有些生硬，但每一次对话都是橙色光芒闪烁。我们开展"当我们需要帮助时……"的主题班会，通过科普视频，让同学们了解癫痫，用橙色的理解与包容填补小辰与同学之间的沟壑。家长在家中积极配合，教导小辰礼貌待人、控制情绪，这也是橙色关爱的延续。

（二）以兴趣切入集体协作

提升孩子的自我认知，知道"我"和别人的关系。引导孩子要有意识地摆脱以自我为中心的思维方式，学会站在对方角度思考问题，有为集体做贡献的意愿和荣誉感。

绿色象征着成长与希望，我们关注小辰的兴趣发展，这是他成长画卷中的绿色生机。小辰对唱歌和讲故事的热爱，就像绿色的新芽在他的生命中破土而出。早读时，他讲述的历史故事为班级带来了绿色的活力，同学们被吸引，他也在其中找到了自信。宣传小组将他喜爱的歌曲的歌词张贴在墙报上，这绿色的鼓励让他感受到集体的温暖，促使他茁壮成长。

（三）以课程搭建成长平台

学校践行立德树人根本任务，不放弃任何一个孩子，努力让每一名特殊孩子都享有更具归属感的教育。在家长的积极申请下，学校为孩子提供了专属课程。

金色寓意着珍贵与光明，学校为小辰搭建的专属平台就是那金色的希望之光。心理健康课程和一对一辅导，如同金色的画笔，舒缓他的焦虑，释放他的精力，为他的未来描绘出金色的轮廓。每次上完课，小辰轻松愉悦的神情就像金色的阳光洒在画卷上。

马斯洛的需要层次理论告诉我们，幸福出现在一个人尊重与关爱得到合理满足之后。当讨论家长会黑板报设计时，"爱是什么颜色"这个问题引发了大家的思考，小辰响亮地答道："爱是太阳的颜色！太阳有赤、橙、黄、绿、青、蓝、紫七种颜色，我们课上做过'神奇的太阳光'实验，将彩色的圆盘快速转动起来，就会看到明亮的白色。"家校共育为小辰带来的

人际交往

橙、绿、金交织的色彩,就是对爱的最好诠释,这些色彩将为小辰的人生画卷绘出绚丽的希望。

"爱是太阳的颜色!"也许时光会变老,但这份爱与希望将历久弥新!

锦囊作者:岳建梅

儿童社交密码

在人生的长河中,每一步都充满了挑战与机遇。对于儿童来说,进入小学无疑是他们人生中的一个重要转折点。小学与幼儿园的生活截然不同,他们需要面对更多的同学、更复杂的人际关系以及更多样化的活动。他们将如何适应、成长并绽放自己的光彩?这其中,社交能力起到了重要的作用。它不仅是儿童融入新集体、建立友谊的桥梁,更是形成健全人格、培养自信乐观和坚韧品质的基石。

一、问题现象

佳佳是一名刚步入一年级的小学生。她有着高依恋的特点。在开学之前,她的家长由于担心孩子的交友问题，就联络了同班同学小小，让两个孩子提前熟悉，一起玩耍。开学之后小小积极融入集体，认识了许多新的朋友。这一行为让佳佳感觉自己被忽略了，于是私下给小小一些橡皮、尺子等文具，并提出条件——小小只能和自己玩。小小开始同意了佳佳的提议，可小小是一个性格外向开朗的女孩，对于不能交更多朋友这件事感到非常苦恼，于是和老师家长倾诉寻求帮助，老师与家长携手合作，帮助孩子解决了这个困扰。

同时佳佳非常敏感，在校园里总是带着一种被害的心理提防着同学们。有一次课间活动，一个小男孩从她身边经过，她一把拽住了他，厉声质问："你为什么踢我？"男孩一脸懵懂地说："我没踢你啊。"佳佳气鼓鼓地冲到我身边告状："老师，他踢我。"此时我正在录制课间活动视频，无意间把整个过程都拍了下来。事后反复观看视频，男孩的确没有碰到佳佳，只是跑过的时候，靠的距离比较近。事后我就这件事与佳佳的家长进行了沟通，但沟通无效，妈妈不认可视频，认定自己的孩子被踢了。

之后类似的事情发生过几次，佳佳甚至开始打人，每次在学校我以为处理好了，可她一回到家就哭诉：

"××打我,××踢我,××骂我。"家长以为孩子受欺负,总是情绪激动地找到对方家长争吵、找到我理论。直到有一次我和孩子爸爸、爷爷展开了深度沟通,才为之后孩子的行为调整打下了基础。

二、问题分析

针对佳佳的这种复杂情况,我咨询心理老师、查阅资料等,终于渐渐梳理清晰产生这种现象的原因并找到了应对策略。

(一)妈妈的不信任和无原则的溺爱

妈妈从心底不信任孩子的社交能力,在开学前就为她找到一个固定的伙伴,来对抗进入新环境的不适应感,而不是让她自己经历此过程得到成长。孩子没有独立解决问题的意识,当孩子在学校发生冲突后,习惯性地回家哭诉,让妈妈撑腰。而妈妈不分青红皂白,一次次和家长、老师争论,没有对佳佳进行及时正确的引导,更助长了她向外界寻求帮助的依赖心理。

（二）没有培养孩子独立性意识

在幼儿园里，老师一人负责几个孩子，能给到孩子相对全面的照顾，老师是佳佳在校园里的情感支柱。上小学之后环境发生了变化，一位老师带着40多个学生，没办法全方位照看，而是重在培养学生的独立性。同学们根据自己的判断选择朋友，与伙伴合作解决问题。佳佳妈妈提前包办，试图找一个固定朋友作为佳佳的情感支柱，而不是引导她、陪伴她度过入学特殊期，培养孩子的自主性独立性。佳佳霸占朋友的行为不仅给小小带来了困扰，还在朋友离开时给自己造成了心理伤害。

（三）过分信任孩子的话，不能理智面对孩子的问题

儿童的记忆力有限，会在描述一件事情时着重讲对自己伤害最大的部分，甚至夸大演绎。妈妈面对孩子的哭诉，听取一面之词，把责任归咎到其他同学身上。不反思，不能够正确对待老师的反馈，不能与老师统一战线共同解决已经出现的问题，更是助长了佳

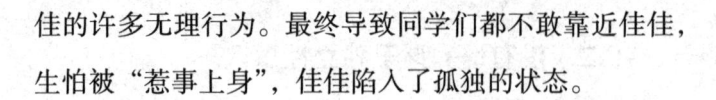

佳的许多无理行为。最终导致同学们都不敢靠近佳佳，生怕被"惹事上身"，佳佳陷入了孤独的状态。

三、具体策略

（一）情感上断乳，行为上放手

孩子在进入小学前，家长可以让孩子试着自己处理问题，探究他对于某件事、某个行为的看法，让孩子从思想上慢慢独立，具备一定的判断力。放手让其做一些力所能及的事情，例如洗袜子，收拾玩具、书包等，培养孩子的责任感和自理能力，从而降低对他人的依恋，养成独立性。

（二）沟通演练，扩大安全区

美国心理学家爱德华·霍尔通过观察人们在社交场合中的行为和反应总结出了四种安全距离区域，包括亲密距离、个人距离、社会距离和公共距离。尤其独生子女，社交活动少，其安全区域范围较小，而校园中人员密集，很难避免近距离接触。家长可以通过沟通、演练等方式引导孩子辨别恶意和无意的行为，对于同学间无意的靠近要学会宽容。

（三）给予充分信任和适时帮助

进入小学前，意识先行。家长要做好引导，让孩子知道环境会发生变化，应该主动友好地和其他同学交流；倘若被拒绝也不要丧气，做好自己，其余交给时间。要充分信任孩子，不过多干预他的社交行为，让其用自己的方式适应新的集体。当孩子遇到问题时，引导他说出苦恼，并与之一起想办法保护友谊的萌芽，而不是遇到一点问题就直接扼杀。

（四）榜样示范，移情训练

同伴可以作为一种榜样影响孩子的发展。家长可以让孩子多和成熟、素养好的孩子一起玩。与同伴合作完成一件事时，引导其采用请求或建议的方式解决问题，而非暴力。家长除了以身作则，日常看到其他孩子好的行为也要多夸奖，引导孩子分辨好坏，从树立榜样到夸奖榜样，模仿榜样，再到成为榜样。

（五）鼓励社交，融入集体

对于内敛腼腆型的孩子，家长要时刻关注他的社交行为，在入学前可以多带其参加集体活动。这类孩子从小比较被动、安静，老师和家长可能会觉得这是乖的表现，不易引起注意。对于他们，要给予更多的时间适应，多鼓励多体验，增强自信心，少批评打压，减少导致退缩行为的外部因素。

基于以上分析，佳佳的家人统一了思想，意识到再这样下去只会让同学们离她越来越远。佳佳认识到自己的不足，让大家看到了她面对问题的勇气和改正的决心，在家长、同学的共同帮助下，佳佳的社交能力越来越强，成为大家喜爱的开心果。

锦囊作者：张一

孩子的事让孩子自己解决

一、问题现象

一年级的小王和小吴座位比较靠近，上操排队也是前后站着，一起玩的机会就比较多。平时打打闹闹、推推搡搡玩得很开心，但是两个小朋友却在某一天发生了激烈的冲突。两个人扭打在一起，被拉开时，还谁都不服气，各自表述自己的观点，都认为是对方先推的自己，自己才还手，还把之前曾经发生的一些事都牵扯出来。老师问清事情的原委，并找了一些孩子侧面了解，然后对两个孩子进行了批评教育，两个孩子都承认了错误，互相道歉，至此事情就算解决了。谁知第二天，小王的家长气势汹汹地来到学校，声称自己的孩子被霸凌了，要找学校要个说法。班主任耐心地给家长讲清楚了前因后果，又让两个孩子见面证实，家长真正了解了事情的原委后，意识到了自己的鲁莽。事后，老师又让小吴的家长与小王的家长见面沟通，双方都认为自己家的孩子存在问题，表示不再追究这件事。

二、问题分析

其实在低年级学生中经常会出现小王和小吴这种情况，孩子之间玩耍没有深浅，行为比较鲁莽，高兴时都不算什么，一旦不开心，就会牵扯出很多问题，而家长生怕自己的孩子吃亏，总是急于帮孩子出头，最后导致问题更加严重。

家长在整个事件当中因为担心自己的孩子被欺负，总会有情感上的偏移，还坚信自己的孩子不会说谎，所以情绪上就容易波动。再加上小孩子接触时间不长，彼此之间都不了解，家长对其他孩子没有任何共情心理，因此容易冲动。

三、具体策略

如果遇到案例中的情况,家长一定要冷静下来,这正是培养孩子解决问题能力的好时机。

首先,要让孩子明白,想要交到好朋友,自己要有礼貌,待人要宽容。同学之间相处总会有让自己不舒服的人或事,事情发生后,不管自己对与错,都应该先反思自己的言行。我们很难改变别人,但是我们可以调整心态,用宽容之心来对待。

其次,家长要鼓励孩子自己解决问题。一年级新生来到一个新的环境中,不管是学习环境还是人文环境,都与幼儿园的不同,一方面适应环境给孩子带来了一定的心理压力,另一方面如果这个环境里有一些因素不那么友善,孩子能否运用在幼儿园习得的技能去解决问题就成为一个挑战。在这个过程中,孩子可能会表现出不开心,会哭,不愿意上学等,如果家长妥协,什么事都帮助孩子解决,那孩子的交友能力如何培养?所以,家长的心要"狠",态度要坚决。比如,当孩子与同学发生矛盾时,即使孩子吃亏了,家长也不要去教训与孩子发生矛盾的那个同学，而应鼓励孩子自己去解决矛盾，平息纠纷，在这个过程中，孩子就学会了与朋友相处。

最后，告诉孩子在学校里解决不了的事情要及时寻求帮助。必须要注意的是，并不是所有问题都可以靠一年级学生自己解决的，家长一定要保持对孩子足够的关注，在孩子遇到难以解决的问题时，告诉孩子要及时寻求老师、家长的帮助。告诉孩子家庭永远是他们的避风港，家长永远是他们的支持者，如果遇到困难不要害怕，要勇敢地告诉家长，这样才能帮助他们解决好问题。

四、反思总结

通过上面的案例，我认为，对待孩子可能发生的人际交往方面的问题，家长应该理智地判断，智慧地指导，同时也要冷静地对待。

（一）不能用成人的标准妄断是非

家长要知道，孩子之间的纠纷没有对与不对，低年级的孩子容易发生情绪化的行为。所以家长不要上来就用成人的标准判断是与非，更不要轻易地给孩子的行为扣上一顶大帽子，这样不但解决不了问题，还可能会将小的纠纷扩大化、复杂化，从而对孩子成长造成不良影响。

（二）小的争执让孩子自己解决

面对孩子们的打闹、口角之争，只要没有故意的肉体伤害，家长都不要轻易介入，孩子有自己的方法解决纠纷。孩子原本都不是睚眦必报的人，只要家长正确引导，孩子都会很快和好如初。家长不要成为孩子人际交往的绊脚石，而应培养孩子自主解决问题的能力。

锦囊作者：齐燕群

全方位关爱,助力孩子顺利融入新集体

一、问题现象

小强今年读小学五年级,由于父母工作调动的关系,他被迫转入新学校读书,这使得小强感到陌生和不适应。原本在旧学校已经和同学们建立了良好的人际关系,如今来到全新的环境,他不得不从头开始,重新适应新的同学和生活。小强本身性格比较内向胆小,不善于主动与人交往,学习成绩也直线下降。渐渐地,他生出了不想去学校的想法,无论家长怎么问,他都不说原因,为此,家长也很苦恼。

二、问题分析

小强同学出现上述现象,可能有以下几点原因。

(一)社交环境的改变

现代社会,人们因为工作等原因,会进行迁居,迁居使越来越多的孩子面临转学的问题。新学校意味着孩子需要重新适应一个完全陌生的环境,要面对陌生的老师、陌生的同学、陌生的教学方法、陌生的学习资料……这些可能与学生以前的学习生活有着相当大的差异。由于环境的改变、学习要求的提高和心理准备的不足,很多转校生在进入新学校时都出现了认知、情绪、行为等方面的困惑和苦恼,甚至出现了严重适应不良的情况。如果无法快速适应新的社交环境,很容易在人际互动中感到不自在和焦虑。

(二)缺乏社交技能

对转校生而言,新的人际关系的建立要比熟悉环境难得多。转校生要融入的是一个已建立稳定人际圈子的小团体，意味着原有的人际圈子要打破，重新建构。小学生，特别是中高年级的学生，都有相对固定的同伴团体，而且这个团体往往还具有排他性。想要在陌生的校园社交圈中寻找到属于自己的位置，是一个巨大的挑战。缺乏社交技能的转校生可能难以主动结交新朋友、参与课外活动、与老师和同学建立良好关系，进而陷入自己封闭的小圈子里，产生孤独、焦虑，甚至出现情绪问题。

（三）自卑内向的个性特征

作为一个自卑内向的转校生，要融入一个全新的集体，无疑面临着更大的困难。自卑使他们缺乏自信，害怕被他人评判和排斥，内向又让他们无法主动与他人建立联系。他们常常选择隐藏自己，回避与他人的交流互动，往往只能被动地等待他人的主动接纳。新的学习环境、生活环境以及未知的规则也给他们带来了巨大的适应压力，加上自卑和内向，更加阻碍了他们主动融入的脚步。这些因素的综合作用，使得自卑内向的转校生很难在短时间内融入新的集体。

三、具体策略

如何帮助转学孩子做好入学的心理准备和调适，以尽快适应新的学习环境呢？需要从以下几方面做出调整。

（一）提前做好心理准备，延长孩子心理缓冲和适应的时间

重视孩子的转学心理准备，对孩子尽早、尽快适应新学校的学习极为有利。父母可以召开一个家庭会议，向孩子说明转学的缘由，让孩子理解父母的心意，最重要的是聆听孩子的意见，让他说说自己的想法。与孩子早一些谈转学的事宜，尽可能给孩子多一些时间去考虑这个问题，延长心理缓冲和适应的时间。父母要把自己所了解到的学校情况介绍给孩子；可以带孩子提前参观新学校，了解学校的具体位置和配套设施情况；父母可以和即将给孩子授课的教师谈话，让孩子及早认识新老师；提前让孩子了解新学校使用的教学资料等。

（二）培养孩子社交技能，鼓励孩子主动与同学建立良好关系

良好的社交技能是转校生顺利适应新环境的关键。主动沟通、表达自己、与他人建立信任，不仅有助于转校生尽快融入新集体，也能帮助他们获得更多的学习资源和情感支持。一方面，家长要注重培养孩子主动社交的意识。鼓励孩子主动介绍自己，主动邀请同学玩耍，主动参与集体活动。家长也可以陪同孩子参加学校组织的社交活动，引导孩子积极互动，培养他们的沟通技巧。同时，家长要注意观察孩子在新环境中的表现，给予鼓励和正面反馈，增强孩子的自信心。另一方面，家长需要耐心引导孩子培养社交技能。简短的问候、认真倾听他人、自信的眼神交流和适时的幽默感都能帮助孩子在社交中获得正面反馈。家长可以通过例子和练习来逐步引导孩子学会这些技巧。如果发现孩子在某些社交场合存在困难，家长可以适时为其提供指导和建议，帮助孩子提高观察力、同理心和表达能力。同时，家长要给孩子创造更多与同龄人互动的机会，培养他们的沟通协作能力。只有家长用

心陪伴、用心引导，孩子才能更快地在新环境中建立良好的人际关系，健康成长。

（三）积极沟通，理解和共情孩子的感受

当发现孩子在新学校中表现出不适应时，理解和共情他们的感受至关重要。首先，父母要设身处地地去感受孩子的处境，耐心地倾听孩子的诉说，给予理解和包容，让孩子感受到家的温暖。如对孩子说"我能感觉到你在新学校面对的挑战，你感到不安是正常的"，这样的语言能让孩子感到被理解和接纳。其次，父母要主动、频繁地和孩子进行交流沟通，多询问孩子在学校的情况，了解他们内心的真实想法，现身说法，及时替他们解答心中的疑惑。这样不但有助于孩子理解他们的感受是正常的，也可以通过实例让孩子知道如何应对这些困难。

（四）定期和老师联系，了解孩子在校的适应情况

如若转校初期出现适应问题，家长可以把孩子的真实情况告知老师，同时也要了解孩子在校的状况，

并请老师多给予孩子以开导和鼓励，家校合作一定能帮助孩子更快融入新集体。对于家长来说，要与老师及时沟通，寻求解决措施。比如，孩子是否缺乏自信、是否存在人际交往困难等，家长要与老师充分交流，采取有针对性的辅导方案。家长也可以主动参加学校组织的家长会、讲座等活动，与老师建立良好的沟通互信关系。另外，家长要主动了解新学校的各项规章制度、教学理念等，以便更好地配合学校的要求，为孩子的转校生活保驾护航。比如，了解学校的作业要求、考试形式、孩子的课外活动安排等，都有助于帮助孩子快速适应。

总而言之，帮助孩子适应新学校需要家校全方位的支持和关爱。需要对孩子的心理预期、适应状态、情感需求、社交技能等方面给予关注和帮助。我们要为孩子营造一个温暖、安全的成长环境，让他们感受到关爱和支持。只有这样，孩子才能更快地融入新环境，享受校园生活带来的乐趣和成长机遇。

锦囊作者：李雅

读心声解心结,培养积极的交往者

一、问题现象:我的生活再也没有乐趣了!

这天,我收到了亮亮爸爸发来的微信消息,说想和我当面聊一聊。家长坚持要当面交流,一定是出了大事,我的心一下子揪了起来。第二天见到亮亮爸爸,我才了解了事情的原委。原来体育课上同学们为备赛体育节分组练习"旱地龙舟",但是没有一个小组愿意接纳亮亮,有的同学甚至直接说:"哪个组加上你,必输无疑。"这一下刺伤了亮亮的自尊心。亮亮回家哭诉道:"我的生活再也没有乐趣了!"正是这一句,让家长意识到问题的严重性。

"我的生活再也没有乐趣了!"当一个10岁的孩子说出这句话时,是多么的委屈和无助啊。亮亮是个惹人心疼,却也时常令老师和家长挠头的男孩。亮亮不受欢迎,并不是因为他不擅长体育活动,而是因为他虽然已经五年级,却还是不懂得如何与同伴相处,总因为琐事斤斤计较,让小矛盾演化成大冲突;说话做事不考虑对方感受,使朋友变"敌人"……

二、问题分析:读懂心声解心结

我们常常能发现,有些孩子开朗热情,有许多朋友,无论和谁都能很快拉近距离、友好相处。但也有一部分孩子,就像亮亮一样,在和同学相处时容易因为一点小事产生矛盾,几乎每天都要找老师和家长解决问题。这部分孩子与同伴交往存在困难,最直接的原因,是孩子缺乏与同伴交往的能力与方法。他们可能不善于主动发起与同伴的交流,缺乏邀请他人一起玩耍或参与活动的勇气。一些孩子可能无法清晰地表达自己的意愿、感受和需求,或者难以倾听和理解他人的观点。这可能导致误解和冲突的发生。当产生冲突时，一些孩子缺乏处理矛盾的技巧，如协商、妥协和道歉等，从而导致同伴关系的紧张。

同伴交往的不顺利可能引发孩子过度关注自己的不足，忽视或低估自己的优点和成就，并担心自己的表现会被他人嘲笑或贬低。因此，在之后的同伴交往中或者逃避退缩，或者处处针锋相对，不仅无法建立正常的同伴关系，还会影响自己的情绪与生活。久而久之，这些孩子的自尊心和自信心容易受挫。如果此时家长还一味地指责孩子："你是怎么回事，怎么总惹麻烦！"就可能导致孩子在家庭中依恋关系缺失，孩子难以感受到父母足够的爱与支持，于是在人际互动中以对抗和偏激行为来进行自我保护和心理补偿。

三、解决策略：积极示范，发挥正向影响力

此时的孩子，如同一只满身是刺的"小刺猬"，作为家长，需要及时以积极、正向的示范和引导，帮助孩子提升同伴交往能力，增进孩子社会性的发展，帮助"小刺猬"放下防备，拥抱朋友。

（一）与他人友好相处的前提是与自己融洽相处

家长首先能做的是帮助孩子提升自信心，当孩子认可自己、重视自己时，就更容易融洽友好地与他人相处。因此家长在平时和孩子聊天时，应该尊重孩子，鼓励孩子大胆表达自己真实的想法，肯定他的每一点进步。孩子犯错误时，家长和孩子统一战线，共同寻找解决问题的办法，而不是简单粗暴地批评孩子，或把问题原因归结于孩子本身。在这里为家长提供一个小妙招，可以准备一个笔记本，每天记录1—3条孩子的优点或进步之处，记录的内容越具体越好，比如"今天你比昨天提前5分钟起床""你能自己把彩笔整理好并放进书包"。还可以让孩子在后面记录下今天自己做得好的事件，促进孩子反思。日积月累，孩子的点滴进步就变得可视化，孩子的自信心也将在这个过程中不断提升、不断强化。

（二）以具体有效的示范代替枯燥单一的说教，帮助孩子掌握与同伴相处的方法

同伴交往看似是孩子每天都在做的事，每个孩子

似乎天生就懂得这门功课,其实不然,形成良好的同伴关系是需要方法的,需要家长帮助孩子学习这些好方法。比如,见面时主动打招呼,给同伴一个微笑;将自己感受到快乐的事与同伴分享;当同伴遇到困难时,主动予以关心和帮助;想要发怒时,在心里默数"1、2、3、4、5",让自己冷静下来;当同伴做了让自己不舒服的事时,用有力量的语言告诉他:"你的做法让我感到不舒服,请你不要这样做。"家长教孩子这些方法的时候,应以亲身示范代替单一的说教,让孩子清楚地看到家长的动作、表情,听清楚家长的语言,并试着模仿练习。这样,当孩子再遇到类似情况时便能做到活学活用。

(三)设置合理期望值,为孩子创设安全的社交环境

家长要明白,孩子与同伴交往时会复制、模仿亲子交往的方式。您和孩子的交流,正是孩子与同伴相处的范例。想要孩子与同伴友好地交往,家长就应做出榜样示范。家长可以根据孩子的年龄和发展阶段,设置合理的社交期望,陪伴孩子点滴成长,逐渐进步,

而不急于求成。避免对孩子施加过大的压力，让他们有足够的时间和空间去交往、尝试、改变、发展。相信家长为孩子创造的安全和睦的家庭社交环境，一定能在潜移默化中转变孩子的社交方式，帮助孩子建立良好的人际关系，促进他们情感、认知和社交技能的发展。

四、结语

对于那些处于同伴交往"边缘"的孩子，他们的心更加敏感。稍不留神，那埋藏在心底，原本就很弱小的渴望友谊之苗就会枯萎。对于他们的家庭教育，如同写一封封回信，读懂他们的脆弱，回信才能走进他们的内心；看清他们的需要，回信才能助力他们自立自信。家长投递出的一封封智慧的信、温暖的信，能够走进孩子的内心，帮助孩子发现美好的自己，学会欣赏美丽的风景。

锦囊作者：姚慧玥

科学积极引导　打破孤立怪圈

一、问题现象

新学年,我迎来了新班级。开学前,我接到了小羽父亲的一通电话。在与小羽父亲的交流中,他主动又委婉地表示,因为同学们都不愿意与小羽同桌,小羽一直坐在第一排的固定位置,虽然是"C位",但他也想跟同学们一样,一起去轮换座位。平时班里如果有学习活动需要小组合作,小羽也很难找到同学愿意与他一个小组。他向我提出了求助,希望了解一下形成这种状况的原因和可行的解决办法。

二、问题分析

我立即对家长的坦诚表示了理解与肯定：主动与老师沟通，没有随意下定论而是与老师一起寻找原因，商议解决之法。有这个认知作为前提，老师和家长可以形成合力帮助孩子。

开学后，我开始重点观察小羽与学生们的相处情况。小羽在同学当中确实非常显眼，他常常在课堂上不举手便随心所欲地大声说话；课间对同学的物品不问自取，随意拿起来玩，同学想要回去，他就故意用力扔回去，把物品摔碎，为此与同学发生矛盾；鼻子上总是挂着鼻涕，还时不时咳嗽或打喷嚏，飞溅的口水让同学们避之不及。

观察到这些现象后，我便与小羽父母沟通，引导家长与孩子进行谈话，其中哪些行为是孩子故意的？哪些是情绪冲动？扔东西时怎么想的？经过仔细分析，判断哪些可以自主控制，哪些是控制不了的，分类解决。有了可操作性的建议，我们约定一起努力帮助小羽融入集体。

三、解决策略

针对他总是咳嗽、流鼻涕的问题，爸爸妈妈带他到医院进行诊疗，医生出具证明，证实他其实是过敏，不具备传染性，让与他坐得近的同学放下排斥心理；每日为小羽准备足量口罩，坚持佩戴，避免口水喷溅出来，让其他同学看到他改变形象的决心；同时根据老师的建议制作"21天建立一个新习惯"的表格，记录他坚持戴口罩的情况。虽然戴着口罩有些许不适，每天记录也有些麻烦，但同学们有意无意地离他近了，不再刻意地与他保持距离，这是值得的。

接下来，我给小羽父母布置了一个任务，让他们平时在家多与孩子模拟情景剧，爸爸妈妈扮演小羽的同学，将白天小羽与其他同学发生矛盾的事情复盘，"啊，你扔了我最心爱的签字笔，我现在好伤心！"将其他同学的想法通过爸爸妈妈的嘴说出来，引导小羽从他人的角度思考问题，培养同理心，适时追问："这时你应该怎么做，同学就很可能愿意借给你？"这对于改善人际关系是非常有帮助的。

时间长了,小羽在学校与同学发生矛盾的情况变少了,同时,因为小羽是"口罩富翁",所以当其他同学忘带时他还大方地借给他们,同学们不仅看到了他的进步,还时不时接受他的分享和善意,慢慢地,同学们改变了对他的看法。接受过小羽口罩的同学也投桃报李,愿意把自己的笔借给小羽,这也拉近了小羽与同学之间的心理距离。

除了外部环境的变化之外,还要关注小羽的内心。在我的建议下,小羽父母常常找小羽聊天,告诉他老师和同学都明白,目前你的一些行为是不受自己控制的,随着年龄的增长,很多行为会自行消失,所以不必焦虑和担忧。然后是竭力唤起小羽埋在心灵深处的自信,扬其所长,补其所短,帮助他成为更好的自己。

小羽的父亲是一位研究员,耳濡目染,小羽的科学知识非常丰富,学校的科学家课程他总是积极参与,于是我鼓励小羽的爸爸利用自己所长陪他多做些事情。在一次课前小讲堂环节中,他就自己感兴趣的海洋环境问题进行了研究,还联系了日本排放核污水的时事热点,为全班同学作展示。因为他表现得特别好,同学们感受到了他闪光的一面,之后小组合作作展示时也开始主动叫上他。他还参加了学校的篮球队，在班外也交到了朋友。

如今的小羽每天开心地走进教室，和同学们一起组成学习小组，而他的座位也跟其他同学一样轮流变换，集体中的他，眼底带着光。

四、结语

小羽的转变离不开小羽父母与老师的积极配合、对孩子的持续支持。当孩子遇到类似困境时，不妨像小羽的父母那样帮助孩子。

与老师沟通：如果孩子在学校因为各种各样的原因被孤立，家长应该及时与老师沟通，了解孩子在学校的具体情况，分析造成这种情况的原因，并寻求老师的帮助和支持，商讨采取哪些措施来帮助孩子。

倾听和支持：与孩子进行诚恳的对话，了解孩子做一些不讨喜行为时的真实感受。根据孩子的具体情况有针对性地改善。最重要的是，让孩子感受到家人的爱和支持，这对于他们克服困难至关重要。

培养社交技能：鼓励并指导孩子学习如何与他

人建立积极的互动，比如分享、倾听、合作等基本社交技巧。可以通过角色扮演的方式，在家中练习这些技能。

建立积极心态：教育孩子用积极的态度看待问题，改变需要时间，家长应该给予孩子足够的耐心和支持，教会他们如何自我激励，保持乐观向上的心态。

增强自信：鼓励孩子参与他们感兴趣的活动，展示自己的优势。鼓励孩子参与学校内外的兴趣小组或俱乐部，这不仅能提高孩子的自信心，还能帮助他们结交到志同道合的朋友，扩大社交圈子。

锦囊作者：彭博

"小狂魔"变形记

一、问题现象

"小张爸爸,麻烦您来趟学校,孩子把××的脑袋打了……""小张爸爸,打扰了,小张在课堂上和同学发生肢体冲突,想和您沟通一下孩子最近延时课的情况……""小张爸爸……"这些文字,是刚上一年级的小张的爸爸经常在微信中看到的。小张爸爸很忙,工作的地方距离学校驱车要一个多小时,每当小张把同学打伤后,小张爸爸都要匆忙赶来,和对方家长赔礼道歉,去医院查看对方伤势,后续进行慰问。这样严重的事件几乎每月好几次,平时的"小打小闹"更是接连不断……

二、问题分析

其实大部分冲突的发生，都和小张不会与同学正常沟通，共情力以及处理冲突、解决问题、社交能力较低有关。通过和小张妈妈聊天了解到，小张在上小学以前因为爸爸妈妈工作繁忙，一直在老家和老人一起生活，到了上幼儿园的年纪才接到父母身边生活。由于没有和彼此相处过，面对突发的一系列问题时，家长和孩子都不知所措。小张在幼儿园一犯错误，回家父母不管三七二十一就是一顿打骂。父母不去听孩子的想法，对待孩子的方式和言语过于简单，甚至有些粗暴："你为什么犯错！以后再这样我就打你！""谁打你你就打回去。"这样的教育方式换来的不是听话懂事的小张，而是只会用拳头解决问题、使所有同学都害怕的暴力小张。通过和家长的几次沟通，我们达成一致意见，当孩子再遇到困难或与他人发生冲突时，先问孩子事情的起因和经过，现在还需要解决什么？接着询问如果能解决问题，你希望得到什么样的效果？想要得到这样的效果，你应该怎么办？当孩子想不出来或者方法不合适时爸爸妈妈可以帮他一起想。最后问问孩子还需要谁来帮助你吗？怎么邀请他们来帮助你？如果他们不愿意来帮助你，你要怎么办？提前和他沟通好，如果计划不能正常进行，他应该做出哪些改变？面对孩子的错误，家长应控制好情绪少打骂，以倾听和引导为主，多点耐心和包容，慢慢教他如何和同学正确沟通和相处。

一年的时间，小张仿佛完全变了一个人似的，平时和同学玩耍时动手的次数越来越少了，从以前的每天一次，到现在一个月一次甚至没有。课堂上不再有叛逆情绪，积极参与课堂互动，和同学发生冲突后愿意与老师沟通和交流。老师还发现他特别爱干净，不仅把自己的地方整理得井井有条，还帮值日生将班里的卫生打扫得干干净净。科任老师经常表扬他进步大。

三、解决策略

孩子们在学校很难避免与同学发生冲突，当冲突来临时，父母的处理方式很关键。不管孩子双方谁对谁错，家长无法控制情绪，不计后果的打人的行为一定是错误的,"以牙还牙"式的保护和干预只会助长孩子的攻击性,在心里埋下仇恨的种子。当家长们疑惑孩子为何总是出现社交问题时,除了外部因素,还应反思家庭原因,家庭教育是否出现了不当之处。

面对孩子在校园中与同学的冲突,有三种错误的处理方式需要家长注意。

"视而不见"型:孩子还小,不懂事,不用管

习惯都是从小养成的,小时候放任不管,孩子不会因为长大了就会自己处理问题。当一个问题发生后,最重要的是如何引导孩子处理和解决,而不是用不懂事的理由搪塞过去。孩子虽小,但也有自己的感受和想法,应用心观察,耐心倾听,了解事情的真相和孩子的真实想法与感受。在倾听的过程中,努力站在孩子的角度考虑问题,与孩子共情。急躁地给出建议,或在未完全了解情况时就急于批评孩子是大忌。

"以牙还牙"型:人家怎么打你,你怎么打回去

暴力不是化解问题的办法,还有可能给孩子带来不可挽回的伤害。面对这些因玩耍而起的轻微冲突,

鼓励孩子自行解决问题是非常重要的。孩子天生拥有处理问题的聪明才智，一旦他们平静下来，就会想出多种解决争端的方法。

"越俎代庖"型：是谁打的你，告诉我，我去收拾他

这种方式会使冲突升级，严重者可能入刑，给家长和孩子带来一生的污点。事态严重时父母要及时介入，帮助孩子破局、脱困，但前提是父母要了解事情的全貌，发生冲突必然不是一方的错，有时候是他们不会表达自己真实的想法，想要和别人玩，却不会交朋友，因此选择动手来引起对方注意；有时候是他们被误会了，不知道如何说清楚，因此采用动手的方式证明自己的愤怒或无辜。

总之，面对此类问题，家长应先接纳孩子的情绪，然后找到他们在处理这件事中的优点，加以肯定。最后引导他们找到解决事件的更好办法。被认同，是他们走近我们，愿意听我们说话的很重要的一步。

锦囊作者：任嘉奕

孩子的人际交往能力的培养，您足够重视吗？

人际交往能力是我们人生之路上不可或缺的，现在的孩子们物质和精神条件丰富，独生子女占比大，加之祖辈和父母的过度疼爱，使得孩子们越来越以自我为中心，人际交往能力下降明显。

人际交往是人与人之间互动、沟通、交流的过程，通过人际交往可以进一步促进个体的发展和人格的成熟。小学阶段是孩子社交技能发展的关键时期，家长的适时引导和支持至关重要。下面的一些建议和想法或许可以给大家一些启发。

一、了解孩子性格特点，有针对性地提供帮助

（一）贝贝和东东的小烦恼

贝贝和东东是一对龙凤胎，姐姐贝贝性格外向活泼，弟弟东东性格内向安静。学校每周一次的国旗下讲话，家长希望他们姐弟俩参加。当班主任将活动安排告诉姐弟俩时明显发现他俩的兴趣不高，并且眉头紧锁。看到孩子的表现后班主任立即和家长进行了沟通。原来是妈妈希望两个孩子多参加大型活动，在校外也进行了针对口才的训练，总想有机会进行展示，增强孩子的自信心和舞台经验。老师将孩子的表现和家长说了之后，家长也明白了自己的美好期许变成了困扰孩子们的烦恼。

（二）孩子的性格特点决定社交习惯

生活中有的孩子性格外向，活泼好动，在日常生活和学习中人际交往常常表现出强势、霸道、鲁莽。

有的孩子内向安静，胆小羞涩，与人交往经常怯懦、退缩、拘谨。大部分家长会根据主观臆断左右孩子的交际与交流，甚至出现指责、压制、质问等现象，这样不利于孩子自身良好社交习惯的养成。如果孩子有类似情况，家长需要给孩子更多的耐心和包容，尽量多地给孩子营造适宜的交往环境，俗话说，"好孩子都是夸出来的"，要注重采用正向积极的语言鼓励孩子在自身性格下主动表达。家长应该接纳并尊重孩子的性格特点，无论是内向还是外向。总之，孩子的性格特点不仅影响他们的社交方式，也影响他们在社交中的表现和成效。家长的理解、支持和适当引导对孩子的社交能力和整体发展至关重要。

二、明确基本社交规则，养成良好的社交礼仪

（一）不太完美的街舞少年

晓峰（化名）是个街舞达人，从小学习街舞，经常参加街舞比赛并取得了很多好成绩，他能够根据音

乐即兴舞蹈，同学们都喜欢看。可是从一年级开始就有同学和家长提出不想和晓峰挨着坐，原因是晓峰总是说脏话，总是随意拿用其他同学的文具，没有礼貌。新任班主任通过观察发现了晓峰的上述问题，但是也发现晓峰性格直率、热心，只是没有掌握交往中的基本规则和礼仪。班主任通过与家长沟通了解到，晓峰是单亲家庭，和爸爸生活在一起，爸爸经营餐饮生意，忙碌而不拘小节，没有意识到自己日常的一些习惯性用语和行为会对孩子产生影响。通过与老师多次的交流，爸爸意识到礼貌习惯和文明用语至关重要，表示会在孩子面前文明用语。

（二）社交习惯是潜移默化的

在心理学经典研究——波波娃玩偶实验中发现，儿童不仅可以完全模仿成年人的暴力行为，而且在环境条件允许的情况下，还可能表现出比成年人更为暴力的行为。这就警示我们，作为家长和照料者，需要认真对待与伴侣、长辈、朋友、邻居、同事和陌生人的每一次互动，我们的行为举止将直接影响孩子处理人际关系的方式和方法。社交礼仪对于孩子的成长至关重要，良好的社交礼仪不仅可以帮助孩子在社交场合中表现得体并尊重他人，建立积极的人际关系，还能为其日后的社会生活打下坚实的基础。运用礼貌用语是建立和维系人际交往、维护人际关系的重要法宝，家长朋友们需要在日常生活中起到榜样作用，有意识地培养孩子养成使用礼貌用语的习惯，尊重他人、礼貌待人。

三、积极创造社交契机，创设优质的社交情境

（一）小晴最近不开心

小晴画画惟妙惟肖，在绘画上特别有天分，家长也有意培养她的特长，鼓励她积极参加校内外相关活动。最近班里有同学过生日，要举办生日会，邀请同学们参加，小晴也想参加同学的生日会，很早就精心画了一幅画想送给同学。一天早上，班主任发现小晴闷闷不乐，通过询问得知原来是妈妈不想让她参加同学的生日会，觉得小孩子间的聚会就是过家家，没有

用。为了让孩子高兴起来，班主任和家长进行了交流，小晴妈妈表示自己从小就喜欢独来独往，不太热衷于聚会、聚餐等活动，没有意识到自己的想法竟然困扰到了孩子。

（二）不要用自己的想法套住孩子

"人生得意须尽欢，莫使金樽空对月。"择良日约上三两好友畅叙幽情，把酒言欢，诗酒花茶，是古人非常享受的快意时光。现代社会节奏飞快，人际交往也更为务实。有些父母本身不喜欢社交，这样孩子自然也少了很多社交机会。家长应有意识地培养孩子的社交技能，尽可能多地带孩子参加一些气氛愉悦的聚会、朋友聚餐以及有益于孩子的各类公益实践活动，让孩子在真实情境中体验。

卡耐基成功公式告诉我们：成功=15%的专业技术+85%的人际关系。社交能力对孩子未来发展非常重要，在良好的人际交往中，孩子的沟通能力、认知能力、组织协调能力、应变能力等都将得到很好的发展。

"欲买桂花同载酒，终不似，少年游。"我们从小到大,也是在磕磕绊绊中成长。减少孩子在未来成长中的羁绊是我们的责任和义务。"没有一个人是天生的社交高手",我们需要达成共识,每个孩子都是独特的个体,我们所需要做的便是支持和鼓励,让他们能够正确解决人际交往中出现的问题和冲突,走好自己未来宽阔的人生之路。

锦囊作者:李桦丞